고수부 제11수필집

어둠을 건너는 빛처럼

에세이문예

어둠을 건너는 빛처럼

┃ 책머리에

제11수필집을 내며

 가을이다. 노랗게 물든 은행잎이 우수수 떨어져 신작로를 덮고 단풍은 붉게 타올라 온 산천이 찬란한 빛으로 물들고 있다. 이 풍성한 계절을 맞이하여 지난봄 마음속에 심어 두었던 수필의 씨앗들도 무럭무럭 자라 이렇게 튼실한 열매를 맺어 제11수필집으로 세상에 내놓게 되었다. 기쁘고도 감사한 일이다.

 제10수필집을 낸 지 2년, 그 사이에도 나는 꾸준히 한국문인협회 평생교육원 수생반에 나가 수필을 발표하고 귀한 강평을 받으며 글을 갈고 닦았다. 그냥 붓 가는 대로 쓰는 것이 아니라 좀 더 품격 있고 문학적인 수필을 쓰기 위해 권대근 교수님께 본격수필을 공부한 이후 두 번째로 펴내는 수필집이다.

 나에게 수필은 단순한 글쓰기를 넘어 삶의 기록이자 나만의 철학과 가치가 담긴 존재이다. 누구를 위해 쓰기보다 쓰는 그 자체에서 깊은 보람과 기쁨을 느끼고 있다. 그러면서도 늘 스스로에게 묻는다. "어떻게 하면 감동과 공감을 주는 글을 쓸 수 있을까" 이런 질문 안에서 고민하며 한 줄 한 줄 써 내려간다. 그래서인지 언제나 만족보다는 아쉬움이 남는다.

그럼에도 불구하고 책을 낼 때마다 잊지 않고 정성껏 독후감을 써주는 몇몇 소중한 독자들이 있어 나는 얼마나 힘이 되는지 모른다. 특히 군 복무 중인 손자 민석이가 보내준 편지는 내 마음을 뜨겁게 했다. 그는 어릴 때부터 수필집을 애정 있게 읽어주었고 군에 가서도 열심히 독후감을 써 보냈다. 그의 마지막 문장은 이러했다.

"명령만 따르는 단순한 군 복무에 사고 또한 마비되어감을 느끼던 중 문학이 얼마나 소중한지 새삼 깨달았습니다. 다시금 할아버지 수필의 열성 팬이 되려 합니다. 수필집을 앞으로 계속 내시길 바랍니다"

손자의 이 진심 어린 글을 보며 앞으로도 계속하여 수필집을 발간해야겠다는 생각을 했다. 그동안 내 글을 애독해주신 모든 분들께 진심으로 감사드리며 앞으로도 더욱 열심히 글을 쓸 수 있도록 아낌없는 지도와 편달을 부탁드린다.

2025년 가을 새로운 빛을 향해 걸으며
저자 고 수 부

‖ 차례 ‖

책머리에 · 4
서평 | 고수부론
 - 성실한 삶의 자세와 견고한 신앙의 힘
  / 권대근(평론가, 대신대학원대학교 교수) · 245

1부

밥과 함께 책을

수필에 살고 수필에 죽다 · 13
밥과 함께 책을 · 18
아 퀴논, 그날 밤에 · 23
단풍처럼 익어가는 나의 수필 · 27
아프니까 노인이다 · 31
피드백 · 36
오늘이라는 유효기간 · 40
배움의 길, 노을 빛처럼 · 44
때가 이르매 · 48
그날, 아내의 이름은 이영자였다 · 52
사람 냄새 나는 공간 · 57

2부

지혜의 샘, 수필의 샘

지혜의 샘, 수필의 샘 · 65

스무 개의 치아, 스무 살의 맛 · 69

포화 속의 기도 · 73

성장하는 나무는 죽지 않는다 · 77

돈을 사랑해도 될까요 · 81

대못 · 86

마로니에 거리를 걸으며 · 91

영혼의 징검다리 · 96

현대판 화수분 · 100

거울 하나 거울 둘 · 104

청소는 과학이다 · 109

새 창으로 본 세상 · 113

3부

책과 함께 여행을 떠나요

술 없이도 낭만은 있다 · 121

그 순간 · 126

혼자 걷는 길 · 131

새벽을 여는 사람들 · 135

찾아오는 글, 떠나지 않는 마음 · 140

불안의 구름 속에서 · 144

책과 함께 떠나는 위로의 여행 · 148

마음 염색약 · 153

손끝으로 부르는 세상 · 157

귀여운 리희 · 161

사랑이 국물처럼 · 166

4부

어둠을 건너는 빛처럼

인생은 뱃길이다 · 173
'육군대학' 내 인생의 탈출구 · 178
그 골짜기에서 부름을 듣다 · 182
기도가 이끄는 길 · 186
지옥문 · 189
작별 인사 · 194
리어왕이 부러워할 딸 둘 · 198
지팡이, 나의 동반자 · 203
황혼기의 나, 길에 선 나무 · 207
수필나무가 자라는 곳 · 211
어둠을 건너는 빛처럼 · 215

5부

독자 후기

『길에 선 나무는 웃지 않는다』를 읽고 · 221
제10수필집을 읽고 · 223
읽기 쉬운 수필집 · 228
편한 마음으로 쉽게 읽을 수 있는 글 · 230
아름다운 이야기에는 감동하고 · 232
화려하지 않고 깔끔한 글 · 238
지친 마음까지 힐링이 되는 글 · 242

1부
밥과 함께 책을

수필에 살고 수필에 죽다

오래전에 스피치를 배우기 위해 학원에 다닌 적이 있다. 그때 강사님이 이런 말씀을 하셨다. "저명인사가 되고 싶으신가요? 책 세 권만 내보십시오. 그러면 충분합니다." 당시 그 말이 꽤 도발적이고도 매혹적으로 들렸다. 평범한 내가 과연 책을 쓸 수 있을까 하는 의문이 들었지만, 곰곰이 생각해보니 책을 사랑하고 독서를 즐기던 나에게도 불가능한 일만은 아닐 듯했다.

하지만 막상 책을 쓰려고 하니 엄두가 나지 않았다. 도대체 어디서부터 어떻게 시작해야 할지 막막했다. 평생 군인으로 살아오며 전공한 분야는 전쟁, 안보, 전략 같은 군사학이었고, 이를 일반 독자가 읽을 수 있는 글로 풀어내기란 쉽지 않았다. 더욱이 나는 전문 연구자도 아니었기에 깊이 있는 학술서도 자신 없었다. 그러던 중, 대학 동기생이 수필을 함께 공부해보자고 제안했다. 수필은 전문적인 지식보다 자신의 체험과 일상에서 소재를 찾는 문학이다. 내게는 매일같이 써온 백여 권의 일기가 있었다. 그 글들만 잘 정리해도 책 한 권은 거뜬히 나올 수 있을 것 같았다. 조금씩 자신감이 생기기 시작했다.

친구가 다니는 용산문화원 수필반에 등록했다. 거기서 나는 처음으로 수필이라는 장르를 접하게 되었고, 매주 글 한 편씩을 성실히 써서 발표했다. 합평 시간에는 다른 회원들의 소중한 의견을 듣고, 내 글에 대한 날카로운 비판과 따뜻한 격려를 함께 받을 수 있었다. 그렇게 차곡차곡 써 내려간 글들이 모여, 3년쯤 지나자 책 한 권 분량이 되었다. 주변에서는 책을 서둘러 내면 졸작이 될 수 있으니 충분히 숙성시킨 후에 출간하라는 조언도 있었다. 하지만 나는 '첫술에 배부를 수 없다'는 각오로, 완벽하지 않더라도 일단 내보자는 용기를 냈다. 그렇게 해서 탄생한 첫 수필집이 바로 『댓돌 위의 갈색 구두』이다.

출간을 앞두고 걱정도 많았다. 혹시 주변에서 "이 정도 글로 책을 냈어?" 하며 비웃지 않을까 마음이 조마조마했다. 그러나 책이 세상에 나온 후, 반응은 뜻밖이었다. 전화나 문자로 "감동적이었다", "나도 그런 추억이 있다"는 응원과 공감의 메시지가 줄을 이었다. 그 격려들이 나에게는 큰 힘이 되었다. 나는 이어서 제2집 『진주반지』를 냈고, 이듬해 제3집도 출간하게 되었다.

세 권의 책을 연달아 낸 뒤로, 스피치 강사의 말처럼 조금씩 내 이름이 알려지기 시작했다. 새벽마다 남산 중턱에 오르면 체육회 회원들이 운동을 하는데, 어느 날부터인가 "책 잘 봤습니다" 하고 인사하는 사람들이 하나둘 생기기 시작했다. 내가 책을 냈다는 사실을 방송으로 접한 이들이 내게 관심을 보이는 것이었다. 교회 성도들 사이에서도 나의 수필집이 회자되며 작가로서의 존재감을 실감할 수 있었다. 그때 느낀 성취감과 뿌듯함은 평생을 군인으로 살아온 나에게 또 다른 인생의 보상을 주는 듯했다.

하지만 글쓰기를 계속할수록 나는 새로운 문제에 부딪혔다. 미국 수필가 E.B. 화이트는 "수필이란 단순한 체험의 나열이 아니라, 그 체험을 사유와 관조, 통찰을 통해 문장이라는 옷으로 입히는 것"이라 했다. 단순히 사실을 풀어놓는다고 수필이 되는 것이 아니었다. 내면의 울림을 동반하지 않는 글은 쉽게 잊히고 마는 법이다. 결국 진정한 수필이란 자기 체험을 문학적 언어로 승화시키는 작업이며, 이는 때론 고통스러울 만큼 어려운 일이었다.

그래서 나는 다시 공부하기 시작했다. 교보문고에 자주 들러 문장력에 관한 책, 유명 수필가들의 작품집, 글쓰기 이론서 등을 수없이 사서 읽었다. 밤잠을 줄여가며 수십 번, 수백 번 문장을 고쳐 쓰는 과정을 거듭했다. 한 편의 수필을 완성하기까지는, 단 한 문장을 쓰는 데도 한 시간을 들이는 끈기와 정성이 필요했다. 말콤 글래드웰의 '1만 시간의 법칙'처럼, 나 역시 '수필 1만 시간의 법칙'을 실천하겠다는 각오로 글을 썼다. 하지만 글쓰기는 하면 할수록 더 어려워졌다. 퇴고를 반복해도 늘 아쉬움이 남고, 다른 이들의 훌륭한 글을 읽을수록 내 부족함이 절감되었다.

　그럼에도 불구하고 나는 지금껏 단 한 번도 수필을 쓴 것을 후회한 적이 없다. 상을 타거나 돈을 벌지는 못했어도, 나는 내 삶을 깊이 있게 들여다보고, 여유를 가질 수 있었으며, 무엇보다 나 자신과의 대화 속에서 평화를 찾을 수 있었다. 수필을 쓰는 행위는 단순한 여가 활동이 아니다. 그것은 마음을 비우고, 생각을 정리하고, 스스로를 돌아보는 고요한 성찰의 시간이다. 몰입의 즐거움을 느낄 수 있는 귀한 시간이다. 시카고대학의 심리학자 미하이 칙센트미하이는 "인간의 기분은 몰입 상태일 때 절정에 이른다"고 했다. 나는 몰입하는 순간들 속에서 비로소 진짜 나를 만날 수 있었고, 그것이야말로 수필이 주는 가장 큰 선물이라 생각한다.

　매주 목요일이면 나는 안국동 운현타워 202호 수생반 강의실로 향한다. 수필을 사랑하고, 제2의 인생을 문학으로 꽃피우려는 이들과 함께 배우고 나누는 시간이 기다리고 있다. 이곳에서 나는 배움의 기쁨과 동료애, 그리고 문학에 대한 경외심을 느낀다. 지도교수는 한국문인협회 본격수필의 창안자인 권대근 교수님이며, 수강생들은 모두 진지하고 열정이 가득하다. 얼마 전 입회한 한 여성 회원이 첫 수업을 마친 뒤 써온 수필 제목이 『경탄의 90분』이었다. 수업을 받으며 느낀 감동을 그렇게 표현했다. "연세 지긋한 분들이 이렇게 진지하게 글을 쓰고 토론하는 모습을 보며 감탄하지 않을 수 없었습니다. 여느

대학 강의보다 더 깊은 열정이 느껴졌습니다"라는 문장이 특히 기억에 남는다.

 우리 수필반의 이름은 '수생수사隨生隨死'의 준말인 '수생반'이다. 수필에 살고, 수필에 죽겠다는 지도교수님의 문학 철학이 담긴 명칭이다. 나 역시 수필에 몰입하여 사는 지금 이 시간이 내 인생에서 가장 보람되고 소중하다고 느낀다. 오늘도 나는 컴퓨터 앞에 앉아 깜빡이는 커서를 응시한다. 손가락을 자판 위에 얹고, 한 자 한 자 눌러 글을 써 내려간다. 그때마다 나는 마치 피아노를 연주하듯 경쾌한 자판 소리를 들으며 행복해진다. 수필 한 편을 완성할 때마다 느끼는 그 기쁨은, 아무리 많은 돈으로도 살 수 없는 값진 경험이다. 수필이 있어 내 삶은 빛나고, 수필 덕분에 나는 오늘도 살아갈 힘을 얻는다.

밥과 함께 책을

　주일 예배를 드리기 위해 교회 본당에 올라가는 엘리베이터를 타려고 하는데 권사님 한 분이 나에게 뛰어와 반갑게 인사를 한다. "집사님 수필집 참 잘 읽었습니다" 바로 떠나지도 않고 잠시 머뭇거리다가 "참 잘 읽었어요"라고 되풀이하여 말한다. 무언가 구체적으로 느꼈던 소감을 말하고 싶으나 표현이 제대로 안 된다는 듯하다. 그렇잖아도 어제 교인들에게 책을 배부해주고 나서 결과가 궁금했는데 교회에 나오자마자 이런 칭찬을 들으니 아침부터 엔도르핀이 감돈다.

　수필집을 발간할 때까지는 책의 완성만을 위해서 열중했으나 막상 책이 나온 후에는 어떻게 배부해야 하느냐 하는 문제가 또 발생한다. 내 책이 알려져 출판사에서 섭외가 들어오는 것도 아니기에 내가 스스로 판단하여 지인들에게 적당히 나눠줘야 한다. 처음에는 결혼식 초대장 발부하듯 동창생 모임, 과거 근무처에서 맺어진 모임, 친목 모임, 선교회 모임 등 모든 모임 회원들에게 무조건 배부했다. 문학회에서 천 권을 의무적으로 발행해야 출판이 된다고 하여 700권을 가져와 거의 다 소모했다.

그러나 2집, 3집에 이어 계속 발간함에 따라 책을 나누어 줄 대상이 줄어들었다. 책을 만든 당사자는 최선을 다해 만든 작품이라 하더라도 독자들의 반응은 제각각이었다. 감동을 받았다는 사람보다는 무관심한 사람들이 더 많았다. 어떤 분은 책을 받자마자 열어보지도 않고 그냥 처박아 놓는 경우도 있었다. 일부분만 읽다 마는 경우가 많고 끝까지 완독하는 사람은 과연 몇이나 될지 의문이다.

우리나라는 책을 안 보는 사람들이 훨씬 많다. 인터넷에 나오는 통계에 의하면 미국의 연간 독서량이 7권이고 프랑스가 6권이며 이어 독일, 영국 순이라고 한다. 대한민국은 0.8권으로 OECD 국가 중 최하위에 속한다. 1년 중 책 한 권도 안 본 사람이 100명 중 무려 92명이라고 하니 더군다나 문학수필을 누가 반가워하겠는가. 이러한 사실을 안 이후부터는 책을 무조건 주지 않고 읽을 만한 사람들에게만 골라 주었다. 그랬더니 200권도 채 못 주고 남아돌았다. 남아돌아도 읽지도 않는 사람들에겐 더 이상 책을 주지 않기로 했다. 그냥 서주레지던스 서재에 보관해 놓기로 했다.

친분이 있는 사람들에게만 골라주는 것도 한계가 있었다. 내가 다니는 교회에 성도들이 약 2천 명 가량 되는데도 내 또래인 연령층에 한정되다 보니 그 숫자가 얼마 안 된다. 내가 잘 모르는 성도들에게도 책을 주고 싶고 그들의 반응이 궁금한데 배부해 줄 방법이 없다. 그래서 묘안을 냈다. 우리 교회는 주일이면 매주 아침과 점심 식사를 무료로 제공한다. 예배는 1부, 2부, 3부까지 있는데 예배가 끝나면 모두 지하 식당에 내려와 식사를 한다. 식사 메뉴는 국밥 한 그릇에 반찬은 깍두기 하나다. 이 간단한 식사라 하더라도 전 교인이 함께 식사를 하기 때문에 그 분위기가 화기애애하다. 음식을 먹으며 이런저런 이야기의 꽃을 피우고 친교를 한다. 이 시간이야말로 서로 만나고 싶어 기다려지는 시간이기도 하다.

예전과 달라서 교회 재정이 어려워짐에 따라 부득이 교인들한테 식비를 걷어야 하는 형편이 되었다. 이때 새로 부임한 목사님이 교인들 중 뜻이 있는 분들이 자발적으로 나서서 하루 식사비를 제공하는 게 좋겠다는 의견을 제시했고 그 자신이 먼저 본보기로 그날 식사비를 전액 부담했다. 그 다음 주는 장로 한 분이 자발적으로 나서기는 했지만 이런 식으로 하면 하루 이틀도 아니고 그 많은 비용을 낼 지원자가 없어 얼마 못 가 운영이 안 될 줄 알았다. 그러나 나의 기우가 무색할 정도로 그 이후 8년째인 지금까지 한 번도 누락 없이 잘 진행되고 있으니 여기 약수동 신일교회야말로 자발적 봉사자가 넘치는 참으로 은혜로운 교회가 아닐 수 없다.

많은 성도들이 이렇게 헌신적으로 협조하고 있는 모습을 보고 나도 언젠가는 한번 참여해야겠다는 생각이 있었다. 그러던 차에 마침

이번에 책이 나왔으니 출판기념과 병행해서 참여하면 자연스럽게 책도 잘 나누어 줄 수 있겠다는 아이디어가 떠올랐다. 곧바로 교회 사무국장과 상의하여 식당 배식구 앞에 '금일 식사는 고수부 집사 제공. 제10수필집 출판기념'이라고 써 붙이고 그 밑에 수필집을 수북이 쌓아놓았다. 그래도 책이 많이 남을 것 같아서 1~3부 예배 끝난 후 각각 60부씩 180부만을 갖다 놓았다.

다행히 책은 예상 외로 순식간에 다 없어졌다. 어느 권사님은 늦게 갔더니 책이 다 없어졌다고 하여 추가로 배부하기도 했다. 잘 모르는 사람들로부터도 엘리베이터에서 만나 책 잘 읽었다는 인사를 받았다. 아는 사람들에게만 주었더라면 이런 일이 없었을 것이다. 그 다음부터는 만나는 사람마다 '밥 잘 먹었습니다. 책까지 주셔서 너무 감사합니다'라는 인사 받기에 바빴다. 아내도 고맙다는 인사를 많이 받았다며 즐거워한다. 이렇게 하여 자발적 식사 제공에도 참여할 수 있었고 수필집도 자연스럽게 분배되어 두 가지 목적을 동시에 달성했으며 교회 분위기도 좋아 흐뭇했다.

아울러서 이번 기회에 또 하나의 의미를 부여하고 싶었다. 밥이라는 육신적인 양식과 책이라는 정신적 양식 두 가지를 신일성도들에게 베풂으로써 내가 신일교회에 온 이후 40여 년 동안 받은 은혜의 만 분의 일이라도 갚을 수 있는 효과가 있었다고. 더 나아가서 독서율이 OECD의 맨 꼴찌인 대한민국인데 우리 교회만이라도 독서의 붐을 일으키는 데 미약하나마 일조를 했다는 자부심을 가질 수 있었다.

아 퀴논, 그날 밤에

지난달 경북 문경의 한 육가공업체에서 발생한 대형 화재로 소방관 두 분이 목숨을 잃었다. "안에 사람이 있다"는 말을 듣고 인명 구조를 위해 건물로 들어간 그들은, 새벽녘 3층에서 처참히 주검으로 발견되었다. 본인은 물론, 졸지에 가족을 잃은 유가족들의 충격은 이루 말할 수 없었을 것이다. TV 화면을 통해 비쳐지는 화염과 검은 연기, 그리고 붕괴된 건물을 보며 나도 모르게 오래된 한 장면이 떠올랐다. 내게도 그와 비슷한 일이 있었다.

지금으로부터 반세기 전, 나는 베트남전쟁에 파병된 맹호부대 공병장교였다. 당시 퀴논이라는 시엑에서 소대장으로 근무하던 나는 귀국을 두 달 앞두고 마지막 임무를 맡게 되었다. 그것은 사단 지휘소의 지하 벙커를 새로 건설하는 일이었다. 불도저로 먼저 지반을 다지고, 깊은 웅덩이를 파낸 후, 통나무와 목재로 기둥과 벽체를 세워 벙커의 구조를 잡았다. 전신주만 한 통나무들이 사방으로 뻗어나가면서 지하 공간은 마치 숲처럼 울창해 보였다. 외벽과 지붕의 트러스를 설치하고, 내부 인테리어와 페인트 마감까지 진행되면서 건물은 점점 완성되어 갔다. 허허벌판 같은 대지 위에 새 건축물이 모습을 드러낼 때의 뿌듯함은 말로 다 할 수 없었다. 수많은 건축물을 지어봤지만, 매번 무에서 유를 창조하는 그 기쁨은 남달랐다. 수필 한 편을 완성하고 나서 느끼는 충만한 기쁨과도 같았다.

게다가 마침 주월사령관 채명신 장군이 사이공에서 퀴논에 있는 우리 맹호부대를 시찰 온다는 소식이 전해졌다. 나는 이번 기회에 갓 완공된 지하 벙커를 직접 보고받게 되기를 고대하며, 밤낮으로 공사에 매달렸다. 막바지 작업이 한창이던 어느 날 밤, 나는 완성된 벙커를 바라보며 기쁨과 자부심에 젖어 있었다. 하지만 그날 밤, 비극은 너무도 갑작스럽게 찾아왔다. 갑자기 출입문 쪽에서 시뻘건 불길이 솟구쳤다. "불이다!"라는 외침과 함께 한 병사가 달려 나왔다. 거의 동시에 벽면의 창문들에서도 불길이 치솟았다. 사방팔방으로 열린 창을 타고 세찬 불바람이 몰아쳤고, 벽체와 기둥으로 세워진 목재들이 불쏘시개처럼 타오르며 벙커 전체가 불바다로 변했다.

사단 본부는 높은 지대에 위치해 있어, 밤하늘을 찌르듯 타오르는 화염은 일대를 대낮처럼 밝혔다. 나는 그 불기둥을 멍하니 바라보다가 정신이 아득해졌다. 온 심혈을 기울여 완성 직전에 다다른 이 건축물이 눈앞에서 잿더미로 변하는 것을 도저히 받아들일 수 없었다.

불씨를 잡기 위해서라면 내 몸을 던져서라도 들어가야겠다는 생각이 들었다. 화염 속으로 장엄하게 몸을 던져 생을 마감하리라는 결심이었다. 정신없이 불 속을 향해 뛰어들려는 찰나, 누군가 내 등 뒤에서 나를 와락 붙잡았다. 나는 그의 손을 뿌리치고 앞으로 나아가려 했지만, 그는 필사적으로 나를 끌어안고 되돌렸다. "고 소위, 고 소위! 자네는 죽으면 안 돼!" 나를 끝내 말린 그 사람은 중대장이 아닌, 상급자인 대대장이었다. 그 덕에 나는 지금 살아 있다.

생각해보면 무모한 행동이었다. 화재 진압에 대한 기술도 없는 내가 불 속에 들어간들 무엇을 해결할 수 있었겠는가. 그것은 그동안의 노고가 물거품이 되어버리는 데 대한 허탈감, 책임을 다하지 못했다는 자책감, 그리고 극심한 절망이 빚은 무의식적인 자살 충동이었다. 그러나 그보다 더 근본적인 이유는 '책임감'이었다. 문경의 화재 현장에서 순직한 두 소방관도 그랬을 것이다. 소방관으로서의 책임감, '내가 나서야 사람을 살릴 수 있다'는 사명감이 그들을 불 속으로 이끌었으리라.

며칠 전, 교회 예배 시간에 목사님이 이사야서 43장 2절 말씀을 인용하셨다. "네가 물 가운데로 지날 때에 내가 너와 함께할 것이며, 강을 건널 때에 너를 침몰시키지 못할 것이며, 네가 불 가운데로 지날 때에 타지도 아니할 것이요, 불꽃이 너를 사르지도 못하리니." 그 말씀을 듣는 순간, 퀴논의 그날 밤이 떠올랐다. 죽음 앞에서 나를 끌어낸 대대장의 손길도, 그를 그 자리에 있게 한 우연도, 모두 이 말씀이 실현된 기적처럼 느껴졌다.

    나는 지금 살아 있다. 그 칠흑같던 퀴논의 밤, 벙커를 태우던 시뻘건 불길 속에서도 죽지 않고 살아나왔다. 아, 퀴논. 그날 밤의 불길은 내 인생의 어느 한 페이지를 찢어 태워버린 듯했지만, 동시에 새로운 생명의 장을 펼쳐준 불꽃이기도 했다. 지금 이 순간, 내가 살아서 이 이야기를 할 수 있다는 사실 자체가 기적이다.

    지금도 간혹 밤에 잠을 이루지 못할 때면, 그날 퀴논의 새까만 하늘 아래에서 벌어진 불꽃의 소용돌이가 떠오른다. 불길 속에 스러진 내 젊은 날의 열정과 책임감, 그리고 그것을 붙잡아준 누군가의 손길, 어쩌면 우리 인생도 예고 없는 화재처럼 언제 어느 순간 시험과 고난이 들이닥칠지 모른다. 그러나 그 속에서도 누군가는 내 손을 붙잡아주고, 또 나는 누군가의 생명을 지키기 위해 손을 내밀 수 있어야 하지 않을까. 그날 퀴논의 불길은 사그라졌지만, 나의 기억 속에서는 여전히 타오르고 있다. 그것은 단순한 화재의 기억이 아니라, 책임감과 생명, 그리고 하나님의 섭리에 관한 불멸의 불꽃이었다.

단풍처럼 익어가는 나의 수필

　수필 공부를 처음 시작했을 무렵, 용산문화원 수필반에서 함께 공부하던 한 여성 문우가 수필집을 출간하며 출판기념회를 연다는 소식을 들었다. 나는 초대를 받아 세종로에 있는 대형 호텔 20층에 갔다. 입구에는 축하 화환이 길게 줄지어 있었고, 호텔 안은 친지들과 초대 손님들로 북적였다. 마치 결혼식장에 온 듯한 화려한 분위기였다.

　그런 행사는 처음이라 많이 생소했지만, 동시에 '책을 내면 이렇게 하는 것이구나' 하는 막연한 인상을 받았다. 그때 옆에 있던 한 젊은 분이 나에게 말했다. "선생님도 이런 출판기념회를 한 번 하셔야죠." 나는 아직 초년생이며, 책을 낼 위치도 아니라며 손사래를 쳤지만, 사실 그러한 행사 자체가 부럽지는 않았다. 글을 쓰는 사람에게 가장 중요한 것은 글 그 자체라고 생각했다. 이런 외형적인 행사가 정말 꼭 필요한가? 무슨 유명인사도 아니고, 그저 문화원 수필반에서 함께 공부하는 문우인데, 겉치레에 치우친 듯한 분위기가 오히려 마음에 들지 않았다. 정치인들이 책을 빌미로 후원금을 모으기 위해 대규모 행사를 하는 것도 보았기에, 나는 그때부터 마음속에 다짐했다. '나는 앞으로 수필집을 내더라도 출판기념회 같은 건 하지 않겠다.'

세월이 흘러 등단도 하고, 첫 수필집을 발간했다. 물론 처음 다짐한 대로 출판기념회는 생각조차 하지 않았다. 제2집, 제3집, 제4집, 제5집까지도 마찬가지였다. 하지만 수필을 쓴 지도 10년이 지나고, 제6집을 낼 즈음에는 마음이 조금씩 바뀌기 시작했다. 책만 덩그러니 내고 나면 허전하고, 뭔가 아쉬운 느낌이 들었다. 단순한 욕심은 아니었다. 그동안 함께 공부해 온 문우들과 기쁨을 나누고 싶었다. 그래서 소박하게 수필반 문우들과 교수님을 모신 자리를 용산문화원에서 마련했다. 일부의 시선이 조금 걱정되기도 했지만, '남이 뭐라 하든 내 주관대로 살아보자'는 마음으로 행사를 진행했다.

이번 10집 역시 그냥 넘기고 싶지 않았다. 수필집을 열 권이나 냈는데, 그 의미를 조용히 넘기기엔 너무 아쉬웠다. 규모는 작아도 마음을 담은 자리를 만들기로 했다. 초대 인원은 수필반 문우 14명으로 한정했고, 장소는 우리가 공부하는 문화원 근처 인사동의 조용한 한정식 집으로 정했다. 강의 일정에 지장을 주지 않도록 목요일 오후 5시로 시간을 정하니 모든 준비가 빠르게 진행되었다. 홍보부장격인 K 작가 문우가 플래카드 설치를 맡아주었고, 대학 동기생이자 수필반 동료인 H 문우가 사회를 맡았다. 사진 촬영과 케이크 준비는 총무 역할을 맡은 C 문우가 책임져주었다. 나야 그들과 같은 문우일 뿐인데, 모두가 적극적으로 나서준 것이 무척 고마웠다. 행사는 소박했지만, 고풍스러운 한옥 건물 덕분에 아늑하고 따뜻한 분위기를 자아냈다.

이번 자리를 더욱 뜻깊게 만든 것은 '에세이문예문학상' 수여식이 함께 진행되었다는 점이다. 나는 전혀 예상치 못했던 일이라 더 감동스러웠다. 수상 이유를 들어보니, 열정을 갖고 본격수필을 꾸준히 써왔고, 열 권의 수필집을 낸 공로라 하였다. 상장 문구를 찬찬히 읽어보니, 흔한 문구가 아니었다. "문장화국의 정신으로 본격수필을 연구하며 한국문학 발전에 이바지하였다"는 문장과 함께 '10권의 수필집'이라는 내용이 명시되어 있었다. 이 상이 3년에 한 번 주어지는 귀한 상이며, 내가 받은 것이 일곱 번째라 하니 더욱 뜻깊게 느껴졌다.

공식행사가 끝난 후에는 식사가 이어졌다. 주거니 받거니 맥주와 막걸리도 한잔씩 돌았다. 플래카드에 적힌 '고수부 제10수필집 출판기념회'라는 글귀를 보고 누군가가 내 이름을 보고 웃으며 말했다. "고수부라니, 무슨 군대 수송부 부서 이름 같아요." 결혼 전 아내도 그런 오해를 했다고 하니 모두 한바탕 웃었다. 뒤풀이 자리에서는 자진해서 노래를 부르는 문우들도 있었다. 이른바 '숨은 가수'들이었다. 모두가 기쁜 마음으로 함께한 이 자리가 진심으로 따뜻하고 행복하게 다가왔다.

　출판기념회를 단지 형식적인 절차로 여겼던 내 생각은 이번을 계기로 조금 바뀌었다. 내용이 중요하지만, 홍보 또한 글의 길을 넓히는 수단이 될 수 있다는 것을 느꼈다. 지금도 거실에는 딸이 보내준 꽃화분과 수생반에서 준 꽃바구니가 TV 옆에서 밝게 빛나고 있다. 외출 후 들어올 때마다 이 꽃들이 "수필집 출간을 축하합니다" 하고 환영해주는 듯하다.

　서재 책상 위에는 문학상의 상장과 상패가 나란히 놓여 있다. 마치 나에게 "이제부터가 시작입니다"라고 말하는 듯하다. 글로 다시 시작하는 마음가짐, 그것이 이번 출판기념회의 가장 큰 선물이었다. 앞으로 더욱 열정적으로 써내려간다면, 나의 수필도 언젠가는 황금빛 가을 단풍잎처럼 찬란하게 물들고 무르익어 가리라.

아프니까 노인이다

　동네 약국에 약 하나 사러 가는 길, 신호가 바뀌기 전 황급히 횡단보도를 건너려는 순간이었다. 맞은편에서 젊은 여성이 손짓을 하며 "할아버지"라고 나를 부른다. 순간적으로 내 기분은 언짢아졌다. 무슨 상품 하나를 팔려고 접근하는 아르바이트생인 듯했지만, 문제는 그 호칭이었다. '할아버지'라니! 그 말이 내 귀에 거칠게 박혔다. 나는 정색하며 "몰라요!" 하고 퉁명스럽게 내뱉고 발걸음을 재촉했다.

　그 여성이 나쁘게 한 것도 아니고, 나 역시 형편이 어려운 사람들을 돕는 일에 인색하지 않은 사람인데도 그 호칭 하나에 마음이 격해졌던 것이다. 나 자신이 이미 그런 호칭을 들어도 이상하지 않을 나이에 이르렀다는 사실이 어쩐지 받아들여지지 않았다. 그 일이 있었던 것도 벌써 10년쯤 전이다. 그 시절엔 '노인'이라는 이름표를 붙이는 것 자체가 부정처럼 느껴졌지만, 지금은 누가 "할아버지"라고 불러도 그리 심기가 상하지 않는다. 지금은 호칭 따위가 문제가 아니다. 삶의 근본이 흔들리는 듯한, 더 심각한 문제들과 마주하고 있으니 말이다.

어제 저녁, 딸에게서 안부 전화가 왔다. 통화를 하며 고등학교 시절 친구들과 찍은 사진도 보내주었다. 그 친구들은 우리 집에도 몇 번 놀러왔고, 한때는 내가 다니는 교회에 함께 출석하던 적도 있어 낯익은 얼굴들이었다. 이제는 다들 아이들을 대학에 보내고 군대에 보낸 엄마가 되었다니, 세월이 이렇게나 흘렀구나 싶었다. 그들이 오랜만에 만나 나눈 대화는 대부분 부모님 병간호 이야기였다고 한다. 친구 M은 대학교수였던 아버지와 명문대 출신 어머니가 둘 다 치매에 걸려 집에만 계시는데, 본인은 직장 때문에 돌볼 수도 없다는 하소연을 했다. 또 다른 친구 S는 거동이 불편한 시부모를 모시고 있는데, 일상 하나하나가 전쟁이고 스트레스는 말로 다 못한다고 했다. 딸의 말을 듣다 보니, 나 역시 그들 부모와 다르지 않은 처지임을 실감했다. 이제는 병들고 늙어가는 일만 남았고, 나도 누군가의 걱정거리가 될 수 있는 나이에 접어들었다.

딸은 그 친구들에게 남산공원에서 내가 찍은 사진을 보여주었다. 그랬더니 "네 아버지는 청년이잖아, 어쩜 저렇게 젊으시냐"며 감탄했다고 한다. 딸의 기분 좋은 목소리를 들으며 나도 잠시 기분이 좋아졌다. 아직은 누군가에게 '젊어 보인다'는 말을 들을 정도로 외형을 유지하고 있다는 것이 고맙고 다행스러웠다. 그러나 마음 깊은 곳에서는 쓴웃음이 스쳤다. 검은 머리 염색과 깔끔하게 다듬은 외모가 나를 감춰주고 있을 뿐, 거울 앞에선 나 역시 흰머리 성성하고 주름이 깊이 팬 노인이다.

사실 여기저기 아픈 곳이 많아 병원 출근이 일상이 된 지 오래다. 얼마 전에는 무릎 연골에 문제가 생겨 정형외과에 갔다. 두 주에 한 번씩 맞는 무릎주사, 한 번에 일곱 대를 세트로 맞아야 한다. 처음 세 대까지는 그럭저럭 견딜 만하지만, 뒤의 네 대는 송곳이 뼈를 파고드는 듯한 통증이다. 그때마다 나는 이를 악물고 버틴다. 아프다고 소리쳐봤자 약도 없고, 달라지는 것도 없기 때문이다.

새벽에 일어나 혈압을 쟀더니 150이 나왔다. 지난달만 해도 130이었는데 갑자기 왜 이럴까, 가슴이 철렁 내려앉는다. 아침 식사 후 다시 재보니 140으로 조금 내려가긴 했지만, 마음은 여전히 불안하다. 의정부에 사는 88세의 선배에게 전화를 걸어봤다. "혈압이요? 그거 원래 오르락내리락해요. 너무 자주 재지 마세요, 괜히 더 걱정만 됩니다." 그래도 불안한 마음은 어쩔 수 없다. 나이가 들면 작은 통증에도 민감해지고, 이상 신호 하나에도 죽음의 그림자가 어른거린다.

달력에 적힌 일정표를 보면 거의 대부분 병원 관련 일정이다. 3월에는 정형외과, 이비인후과, 치과 치료가 예정되어 있다. 4월, 5월은 물론이고 12월까지 빈틈이 없다. 눈도 안과에 가야 하고, 혈관은 순환기내과에 점검받아야 한다. 병원 진료는 내 일상이 되어버렸다. 젊었을 땐 감기 걸릴 때 외에는 병원 문턱을 넘는 일이 드물었는데, 지금은 병원이 내 생활의 중심이 되었다.

아파트 현관을 나서면 늘 보이던 허리 굽은 할머니가 지팡이에 의지해 걷는다. "할머님 어디 가세요?" "노인정 가는 길이야. 가다가 휴지도 주워서 돈 좀 벌고." "어디 편찮으신 데는 없으세요?" "허리도 아프고, 무릎도 아프고, 온몸이 쑤셔." 그 한마디에 늙음의 진실이 담겨 있다. 지하철을 타면 경로석에 눈이 먼저 간다. 예전엔 눈길조차 주지 않던 자리였지만, 지금은 절실한 쉼터다. 그 자리에 앉은 노인들을 보면 고맙다는 말이 절로 나온다. 저 자리가 없었으면 나도 지금 허리를 펴지 못하고 비실비실 서 있어야 했을 테니까. 노인들이 앉아 있는 자리는 곧 우리 사회의 복지 척도다.

젊은 사람들은 모른다. 노인이 된다는 것이 얼마나 무겁고 고단한 일인지. 누가 말하기를, 노인은 다리에 모래주머니를 단 채 걸어다니는 것 같은 느낌이라고 했다. 걸음걸이가 느려진 게 아니다. 다리가 무거워진 것이다. 한때 '아프니까 청춘이다'라는 책이 베스트셀러가 된 적이 있었다. 맞다. 청춘은 아프다. 미래에 대한 불안, 경쟁 사회의 압박, 연애와 결혼, 진로에 대한 걱정…. 그러나 노인의 아픔은 결이 다르다. 노인의 아픔은 단순히 감정이나 사회적 불안이 아니라, 육신의 고장이고 생명의 소멸을 앞둔 고통이다.

청춘의 아픔은 언젠가 지나가고, 성장의 밑거름이 되지만, 노인의 아픔은 시간이 지날수록 점점 더 깊어진다. 모든 노인은 아프다. 말로 표현하지 않아서 그렇지, 누구나 고통을 짊어지고 살아간다. 아프지 않은 노인은 없다. 표현하지 않을 뿐이다. 그러니 이제는 인정해야겠다. '아프니까 노인이다.' 이 말이야말로 지금 나에게 가장 솔직한 자화상이다.

피드백

따스한 날씨가 이어지다가 겨울의 동장군이 그의 진가를 보여주기라도 하듯 갑자기 매서운 추위가 불어 닥쳐 바짝 움츠러드는 아침이다. 아파트 바로 앞에 있는 교회까지 가는 데도 경사길 내리막길이라 어제 쌓인 눈이 얼어붙어 넘어질세라 조심조심 교회에 도착했다. 교회 본당 입구에 들어서자 안내를 맡은 3대 교구장님이 이번에 준 수필집에 대한 독후감을 문자로 보냈다고 하여 반갑게 열어보았다.

"길에 선 나무는 웃지 않는다. 고수부 선생님의 수필집을 너무 감동받으면서 시간 날 때마다 읽었다. 삼일 만에 다 읽었다. 어느 도서보다 나는 읽기 쉬운 수필집을 좋아한다. 그런데 고 선생님의 수필집은 더 쉽다. 삶에서 느껴지는 일상이 나이 들어가면서 공감하고 있다. 몇 년 전만 해도 고 선생님의 책은 그냥 받아서 보관할 정도였으나 지금 생각해보니 너무 죄송한 마음이 든다. 이렇게 힘들게 자비 들여가면서 인쇄하시고 주신 책이었는데… 고 선생님, 주님이 이제 쉬라고 하실 때까지 계속 집필하시고 11집, 12집, 13집. 많이 기대하고 기다리겠습니다."

이런 글을 받아보면 책을 내느라고 고생한 모든 어려움이 단번에 녹아내리는 듯하다. 신춘문예에 당선된 것보다 이런 독후감 한 편 받는 기쁨이 더 낫다. 행복이란 자기가 느끼기 나름이다. 큰 것에 만족할 수도 있지만 지극히 작은 것에도 만족할 수 있다면 그것이 행복 아니겠는가. 책이 몇천 부 몇만 부 팔리지 않아도 여기 내가 속한 사랑하는 성도들로부터 따뜻한 말 한마디 "책 잘 읽었습니다"로 흡족하다. 이 내용을 다음 수필집의 독자 후기에 써넣을 생각으로 컴퓨터에 옮겨 저장시켜 놓았다. 가끔 컴퓨터에 저장된 글방에 들어가 이런 내용을 꺼내어 읽어보며 나 또한 감동받는다. '주님이 이제 쉬라고 하실 때까지 계속 집필하시고…' 이 말에 앞으로도 계속 글을 써서 수필집을 내야겠다는 의욕이 샘솟는다.

예배를 마치고 집에 돌아와 아파트 주위를 산책하고 있는데 핸드폰 벨이 울린다. 전쟁기념관에서 같이 근무했던 원 선생님이다. 그 역시 이번에 보낸 수필집에 대한 독후감을 전화로 말해주었다. 글로 쓰지 않아도 자세하게 오랫동안 조목조목 감명 깊었던 대목을 지목해 가며 설명해주니 독후감을 메일로 받아보는 것 이상으로 흡족했나. 이번 수필집에서 인상 깊었던 두 작품은 「한 줄기의 그 빛」과 「돌멩이가 날아오다」라고 그는 강조했다.

「한 줄기의 그 빛」은 사단 공병대대장 시절 두태산 고지에 통신벙커 공사를 하는 데 필요한 자갈, 모래, 철근 및 기타 자재의 중량물을 인력으로는 도저히 올릴 수 없는데 가능하게 만든 업적이다. 군사령관이 요청해도 안 되는 시누크 헬리콥터를 일개 사단 대대장의 힘으로 오산에 주둔하고 있는 미8군 헬리콥터 부대장을 설득하여 그 산더미 같은 자재를 산 정상까지 운반을 완료한 것은 기적적인 사건이라며 전화를 끊지 않은 채 칭찬해주었다. 이는 제1수필집에 이미 수록한 내용이었다. 그런데도 지금껏 이 선배님처럼 칭찬해주는 사람은 없었다. 그러고 보면 똑같은 글이라 하더라도 누가 읽느냐에 따라 각기 다른 느낌을 받는다는 생각이 들었다. 부족한 작품이라도 늦게나마 인정해주니 기쁜 마음 그지없었다.

두 번째로 칭찬한 작품 「돌멩이가 날아오다」는 써 놓은 지가 꽤 오래 되었으나 발표하기를 꺼렸었다. 당당하게 싸우지 못하고 돌멩이를 이용했다는 점이 비겁한 행동으로 비쳤기 때문이다. 이번에도 망설이다가 책에 포함시켰는데 칭찬을 들었으니 의외였다. 힘센 폭력배를 단칼에 굴복시킨 쾌거라고 칭찬해주었다. 또 40대의 여성 독자 역시 이 대목에서 성경 '사무엘상' 말씀을 인용하여 다윗이 물매를 던져 골리앗을 쓰러뜨리는 장면이 연상되었다면서 자신을 지키기 위한 방어적 공격에 속이 다 시원하다고 독후감에 써 보내왔다. 서투른 글이라 하더라도 저자와 독자가 공감할 때 희열을 느낄 수 있으며 글 쓰는 보람을 이런 데에서도 찾아볼 수 있다는 생각이 들었다.

일진에 어느 강연회에서 피드백이라는 말을 들은 적이 있다. 한마디로 우리가 한 일의 결과를 평가해 주는 정보나 조언이다. 우리가 시험을 보면 성적표를 받는데 이는 우리가 얼마나 공부를 잘했는지 알려주는 피드백이다. 우리말로 귀환이다. 성적표를 보고 우리는 공부 방법을 바꾸거나 더 열심히 할 수 있다. 나는 바로 이 같은 피드백은 수필집을 내고 난 후의 독자의 반응에서 찾아볼 수 있다고 생각한다. 수필집을 발간하는 것은 시험을 치는 것과 같고 성적표는 책을 낸 후 독자의 반응에 달려있다고 해도 과언이 아니다. 책을 냈는데도 별 반응이 없으면 피드백의 결과가 안 좋다고 볼 수 있으리라.

오늘은 이번에 발간한 수필집에 대한 칭찬을 두 분한테서나 받았으니 피드백의 결과가 좋다는 생각이 들어 신나는 날이었다. 그러나 뭐니뭐니 해도 피드백에 대한 압권은 지도교수인 권대근 교수님의 서평이다. 컴퓨터를 열고 '한국문인협회 평생교육원 권대근 교수방'에 들어가 보면 '고수부론'이 나온다. 그 맨 마지막 문장에 '이 수필집은 베스트셀러는 아닐지라도 베스트 에세이집이라 할 수 있다'라고 평했으니 이보다 더 좋은 피드백이 또 어디 있겠는가. 하지만 수생반에서 공부하는 회원이기에 후한 점수를 주었을 것이다. 더욱 분발하라고 주는 칭찬이겠지만 글쓰기에 대한 의욕이 충만해지며 사기가 오르는 것은 무슨 연유일까. 피드백의 소박한 힘이 아닐까. 오늘도 나는 이런 귀한 '귀환'을 위해 내 안의 성장마인드셋 스위치를 늘 켜둔다.

오늘이라는 유효기간

　오래전 영어 말하기와 듣기 실력을 키우기 위해 회현동에 있는 SDA어학원을 찾아간 적이 있다. 그곳은 내가 지금까지 경험했던 영어 수업 방식과는 사뭇 달랐다. 실습 위주의 수업으로, 처음부터 말하기와 듣기 평가만으로 진행되는 독특한 학원이었다. 강사진은 전원 외국인 강사였고, 1단계부터 6단계까지 각 단계가 2개월 코스로 진행되며, 매 단계마다 시험을 통과하지 못하면 같은 과정을 반복해야 했다. 마지막 과정은 수많은 수강생들 앞에서 영어로 연설을 해야 졸업이 가능했다.

　운 좋게 한 번에 통과하면 1년 만에 졸업할 수 있지만, 나는 두어 번 낙방하는 바람에 졸업까지 2년이 걸렸다. 마지막 연설 시간, 수많은 사람들 앞에서 "Don't give up, 포기하지 말라"는 말을 외쳤을 때, 대강당 안에 우레 같은 박수가 터졌다. 수강생 대부분은 대학생이었고, 간혹 나이 지긋한 사람들도 눈에 띄었다. 나는 환갑의 나이에 이곳을 찾았기에 젊은이들 사이에서 적응하기 쉽지 않았지만, 차츰 익숙해졌다. 그중 특히 친하게 지낸 분이 있었는데, 나처럼 장년층으로, B대학 교수였다. 졸업 후 자연스럽게 연락이 끊겼고, 세월이 흘러 서로의 존재조차 희미해질 무렵, 약수역 지하철역에서 우연히 그를 다시 만났다.

그는 반가워하며 내게 이렇게 말했다. "10년 전이나 지금이나 변함이 없으시네요. 어떻게 그렇게 젊음을 유지하십니까?" 나는 웃으며 지금은 수필을 쓰며 지낸다고 했더니, "그럼 쓰신 책이 있으면 한 권 보내주세요."라고 청했다. 나는 기꺼이 그에게 수필집 한 권을 우편으로 보냈다. 그로부터 또 몇 해가 흐른 뒤, 이번에 새로 발간한 수필집을 보내려 다시 연락을 하게 됐다. 주소를 확인하고 책을 보내자, 그는 고맙다는 말과 함께 근황을 전해왔다. 은퇴를 앞두고 자신도 글을 쓰며 노후를 의미 있게 보내고 싶다는 소망과 함께, 아직은 젊은 기운이 남아 있어 새로운 도전에 대한 꿈이 있다고 했다. 5년 정도 여유를 둔 후, 70세에 미국으로 유학을 떠나 새로운 전공을 공부하고, 80세에 돌아와 또다시 사회에 기여하고 싶다는 것이다.

듣는 순간 감탄스럽기도 했지만, 한편으로는 너무 무리한 계획이 아닌가 하는 생각도 들었다. 70세의 나이에 이삼십대 학생들과 같은 조건에서 공부한다는 것은 체력이나 집중력 면에서 녹록지 않은 도전일 것이다. 그렇다고 정면으로 '그건 어려울 것 같습니다'라고 말할 수는 없었다. 대신 조심스럽고 에둘러 몇 자 조언을 적어 보냈다. 그는 '좋은 말씀, 감동이었습니다'라는 답과 함께 카카오톡으로 스타벅스 커피 두 잔을 선물로 보내왔다. 'e-Gift Item 선물을 확인해 보세요'라는 문구와 함께 커피잔 그림이 함께 떠 있었다. 요즘 젊은 세대들은 이렇게 모바일로 선물을 주고받는 모양이다.

그런데 생소한 이 문화가 내겐 잠시 당황스러웠다. 화면을 열어보니 유효기간이 오늘까지로 되어 있었고, 그 아래엔 '거절하기' 버튼이 떠 있었다. 저녁이라 외출도 어렵고, 무효가 될까 봐 얼른 '거절하기'를 눌렀다. 그리고 곧장 "이해해 주시기 바랍니다"는 답장을 보냈더니, 금세 이런 답이 도착했다. "그 유효기간은 2028년 11월 10일까지입니다. 이번엔 쿠키를 추가해 더 좋은 걸로 보냈으니 거절하지 마시옵소서." 순간 내가 연도를 제대로 확인하지 않았다는 사실에 머쓱해졌다. 나이 들면 얼떨떨하다는 말이 실감났다. 디지털 문화에 익숙하지 못해 벌어진 실수였지만, 무척 인간적인 해프닝이기도 했다.

마침 평소 차 한 잔 대접하고 싶었던 분이 떠올랐다. 우리 아파트 아래층에 사는 권 사장님이다. 재작년, 신당동 서주레지던스의 낡은 세면대 수도꼭지와 샤워기를 교체해주신데다, 우리 집 전기 고장 때마다 도움을 주신 분이다. 늘 고맙고 미안한 마음이 있었는데, 이 기회에 약수동 사거리 스타벅스에서 차 한 잔을 대접할 수 있었다. 뜻밖의 선물을 유용하게 쓰고 기분도 좋아졌다. 그러나 이번 일을 계기로 또 하나의 유효기간이 있는 선물이 떠올랐다. 곧 크리스마스가 다가온다. 우리 기독교인들은 예수 그리스도를 하나님의 선물로 믿는다. 죄악된 세상을 구원하시기 위해 이 땅에 보내주신 귀한 선물이다.

이 구원의 선물에도 유효기간이 있다. 그것은 바로 우리가 살아 있는 이 땅에서의 생애 동안이다. 살아 있을 때에만 이 선물을 받아들일 수 있다. 죽은 후에는 아무리 원해도 받을 수 없다. 살인자일지라도 진심으로 회개하면 용서를 받을 수 있지만, 회개 없이 생을 마치면 영원히 구원의 문은 닫히게 된다. 이번에 받은 커피 선물처럼, 하나님의 선물도 유효기간이 있다는 사실을 새삼 되새기며, 오늘이라는 이 시간을 더 소중하게 받아들이게 된다.

배움의 길, 노을 빛처럼

올해는 단풍놀이를 그냥 건너뛰려 했으나 마음 한켠이 자꾸 불편했다. 설악산이나 내장산 같은 이름난 단풍 명소는 아니더라도, 가까운 남산쯤은 다녀와야 하지 않겠는가. 약수역에서 한 정거장만 가면 남산 입구인 장충단공원이 나온다. 엎어지면 코 닿을 거리에 이런 절경이 있다는 걸 알면서도 한 해를 넘길 뻔했으니, 말이나 되는가. 아내와 함께 약수역을 출발해 공원 입구에 들어서자 사방이 황금빛 단풍 물결로 가득하다. 한 걸음 한 걸음 옮길 때마다 붉고 노란 잎들이 살랑살랑 인사를 건넨다. 이렇게 아름다운 곳이 집 근처에 있는데도 그냥 지나치려 했다니, 새삼 반성하게 된다.

공원 안을 천천히 걷다 보니 문득 그리운 얼굴들이 떠오른다. 터키 여행 때 처음 알게 된 H 선생님, S 선생님, C 약사님. 그 이후로 종종 남산 기슭의 야생화공원과 장충단공원에서 모임을 가졌다. 나 혼자만 남자였지만, 아내와 함께 네 명이서 전혀 어색하지 않게 잘 어울렸다. 때론 제주도로, 때론 춘천으로, 그렇게 몇 년간 즐거운 시간을 보냈다. 그러나 불과 2~3년 사이, 그중 두 분이 세상을 떠났다. 그렇게 활달하고 생기 넘치던 분들이 먼저 간 현실이 믿기지 않는다. 덧없고 허망한 인생이라는 말이 문득 실감난다. 지금 이렇게 단풍을 밟으며 아내와 걷고 있다는 사실만으로도 감사하다. 살아 있음이, 건강하게 함께 있음이 얼마나 귀한 것인지 절절히 느껴진다.

나는 아름답게 물든 단풍을 찰칵찰칵 사진에 담았다. 같은 장소, 같은 나무라도 보는 각도와 빛에 따라 사진은 전혀 다르게 나온다. 몇 컷을 찍어 가족 톡방에 올렸더니, 큰딸이 여기가 어디냐고 묻는다. 멀리 여행이라도 간 줄 알았던 모양이다. 남산 장충단공원이라 하니, 그렇게 예쁜 줄 몰랐다며 놀란다. 그렇다. 아름다움은 늘 먼 곳에만 있는 게 아니다. 가까운 데 있을수록 더 소중한 법이다. 등잔 밑이 어둡다는 말처럼, 우리 주변에도 놓치고 있는 귀한 것들이 많다. 수필의 소재도 마찬가지다. 멀리 외국이나 특별한 사건 속에만 있는 게 아니다. 주변을 살펴보면 이야깃거리는 널려 있다. 하찮은 개미를 관찰해 장편소설을 쓴 프랑스 작가 베르나르 베르베르처럼 말이다. 관찰력과 마음만 있다면, 우리 삶의 가장 가까운 곳에서 문학은 시작된다.

공원을 걷다 잠시 벤치에 앉았다. 눈앞으로 낯익은 건물이 들어온다. 내가 퇴직 후 다녔던 대학원 건물이다. 군에서 퇴역한 뒤 전쟁기념관에서 11년을 더 일하고 나오고도, 나에겐 여전히 배움의 의욕이 남아 있었다. 그중에서도 영어공부는 평생의 한이었다. 어느 날 신문 광고를 보니 D대학교 대학원에 영어학과가 있다는 글이 눈에 들어왔다. 망설임 없이 지원했고, 필기시험 없이 면접만 있다는 안내에 마음을 다잡았다.

면접 당일, 오후 2시. 정장을 차려입고 지정된 강의실로 갔는데, 아무도 없었다. 잘못 온 건가 싶어 잠시 멍해졌다. 그런데 문 앞에 작은 종이로 '영어교육 면접시험장'이라는 글씨가 보인다. 조심스레 문을 열자, 안에는 수많은 수험생들이 이미 자리를 잡고 있었다. 갑작스레 모두의 시선이 내게로 쏠렸다. 내가 면접관이라도 되는 양, 순간 정적 속에 시선이 모여든다. 얼굴이 화끈 달아올랐다. 겨우 창가 쪽 자리를 찾아 조용히 앉았다. 그렇게 시작된 대학원 생활을 마치고 졸업한 지도 어느새 23년이 되었다. 그때 대학원에 가기를 참 잘했다. "그 나이에 무슨 공부냐"는 소리도 들었지만, '늦었다고 생각할 때가 진짜 시작'이라는 말을 믿었다.

최근 대학 동기생들과 모임이 있어 내 제10수필집을 나누어 주었다. 그중 한 친구는 내가 다닌 대학교의 교수 출신이며, 학생처장과 대학원장까지 역임한 인물이다. 내 책을 보고 자기도 자서전 같은 책을 내고 싶다며, "지금 나이에 수필 공부가 가능하냐"고 묻기에, "충분히 가능하다"고 대답했다. 나보다 나이 많은 수필반 선배들도 계시고, 나와 동갑인 동기생도 함께 공부하고 있다고 했다. 나이는 늦음이 아니라 축적이다. 우리가 가진 시간은 젊든 늙든 똑같이 하루 24시간이다. 하나님은 누구에게나 공평하게 시간을 주셨다. 그 시간을 보석처럼 빛나게 사용하는 사람도 있고, 흘려보내는 사람도 있다. 그것은 각자의 몫이다. 이번에 수필반에 들어온 대학 동기생이 '늦게 시작했지만 참 잘한 결정이었다'는 확신을 갖게 되기를 바란다.

수필은 몰입의 문을 열어준다. 몰입은 우울과 치매를 막고, 정신의 샘물을 깊이 길어 올리게 한다. 육체는 노화하지만 정신은 젊어진다. 그리고 그 정신이 맑아져야 비로소 아름다운 노년을 맞이할 수 있다. 누군가는 말했다. 나이를 먹는다는 것은 젊음을 잃는 것이 아니라, 더 많은 체험을 차곡차곡 쌓아가는 일이라고. 그렇다. 젊은 날의 꿈을 간직하고, 끝까지 배움의 끈을 놓지 않는 사람만이 찬란한 말년을 누릴 수 있다. 서녘 하늘을 곱게 수놓는 붉은 노을처럼, 우리 인생의 석양도 아름답기를 바라며 그렇게 오늘을 살아간다.

때가 이르매

　엄동설한의 찬바람이 옷깃을 파고드는 꼭두새벽, 어둑어둑한 시간에 교회 정문 앞에는 주차를 맡은 성도들이 분주히 움직이고 있었다. 차에서 내리는 교인들에게 추위보다 뜨거운 것은 새벽을 깨우는 열정이었다. 교회 본당은 이미 발 디딜 틈이 없을 정도로 가득 찼고, 찬송 소리는 창을 흔들며 울려 퍼졌다. 기도하는 소리, 눈물 흘리는 소리, "아멘" 하는 간절한 고백들이 용광로처럼 들끓었다.

　한국 교회 성도들의 새벽기도에 대한 열정은 외국인들도 놀라워한다. 기독교의 본산이라 불리는 미국이나 유럽에서도 새벽기도회란 제도가 아예 없다고 들었다. 매년 새해 첫 주는 교회 전통에 따라 특별새벽기도 주간으로 정해졌고, 모든 교인이 한 해를 기도로 여는 데 힘을 모았다. 그런데 올해는 좀 달랐다. 담임목사님의 특단의 제안으로 1월과 2월 두 달간, 무려 52일 동안 계속되는 특별 새벽기도회를 열기로 한 것이다.

처음엔 너무 무리한 계획이라 여겼다. 연초 한 주도 감당하기 벅찬데 두 달을 매일 아침 5시에 교회에 나간다는 것은 몸과 마음 모두에 큰 부담이 아닐 수 없었다. 하지만 막상 시작되고 보니 2천 명의 교인 중 600여 명이나 되는 성도들이 매일같이 참여했다. 무모해 보였던 시도는 교회 안팎의 뜨거운 열기 속에서 점점 하나의 거룩한 도전이 되어갔다.

우리 부부도 새해 첫날부터 52일 완주를 목표로 정했다. 다만 올해는 교회로 직접 가는 대신 집에서 영상으로 예배에 참여하기로 했다. 예년 같으면 특별기도회 기간만큼은 꼭 교회에 나갔지만, 나이 탓인지 자신감이 조금 떨어진 것도 있고, 무엇보다 아내가 시력 문제로 외출이 불편하다는 이유도 있었다. 새벽 4시 30분에 일어나 조용한 서재에서 나란히 앉아 성경과 노트를 펴고 예배에 집중했다. 처음에는 낯설고 흐릿했지만 어느덧 그것이 일상이 되었다.

이번 특별 새벽기도 설교 주제는 구약 성경의 '느헤미야'였다. 바벨론 포로 시절, 하나님의 도성 예루살렘의 성벽이 무너진 가운데, 고국의 폐허를 되살리겠다는 결단 하나로 총리급 직책을 내려놓고 귀환한 느헤미야. 그는 절망의 도시에서 믿음을 무기로 52일 만에 성벽을 완공해냈다. 그 놀라운 기적의 출발은 기도였다. 불가능해 보이는 현실을 하나님 앞에 무릎 꿇고 시작했기에 가능했던 것이다.

우리도 그 믿음을 본받아, 단 하나의 간절한 기도 제목을 품고 기도회에 임했다. 아내의 시력 회복이었다. 한쪽 눈은 그럭저럭 보이지만 다른 눈은 거의 앞이 보이지 않아 외출 시면 늘 불안해하고 답답해했다. 독서나 집안일에는 큰 문제가 없지만, 바깥세상에서는 시야가 흐리고 중심을 잃는다고 호소했다. "안개 낀 것처럼 앞이 어두워요"라는 아내의 말은 들을 때마다 가슴이 시렸다. 나는 아내가 느끼는 그 답답함을 온전히 알 수 없었다. 그래서 더 간절했다. '하나님, 이번 52일 동안 꼭 응답해 주십시오.' 매일 새벽, 그 간절함을 안고 기도드렸다. 아내도 말없이 옆에서 고개 숙여 기도했다. 그러나 마지막 날인 2월 28일까지, 아무런 변화의 조짐도 없었다. 낙심한 아내는 아무 말도 하지 않았지만, 얼굴에 실망이 서려 있었다. 나 역시 마음이 무거웠다.

그때 핸드폰에서 메시지 알림음이 들렸다. 늘 아침마다 성경 구절을 보내주는 마봉원 집사님의 카톡이었다. 무심코 넘기려던 찰나, 유독 눈에 들어온 말씀이 있었다. 마가복음 11장 24절. "무엇이든지 기도하고 구하는 것은 받은 줄로 믿으라, 그리하면 너희에게 그대로 되리라." 그 순간 심장이 덜컥 내려앉는 느낌이었다. '아, 이게 응답이구나.' 지금 당장 눈이 밝아지지 않았더라도, 이미 응답은 이루어진 것이다. 다만 우리가 '받은 줄로 믿지 못했을' 뿐이었다. 나는 곧장 아내에게 전했다. "여보, 아직 눈이 안 보이더라도 받은 줄로 믿으면 그대로 된대요. 하나님이 그렇게 말씀하셨어요."

아내는 조용히 듣고 있다가 한참 만에 입을 열었다. "나도 그 말씀이 오늘따라 자꾸 마음에 들어와요. 아직은 아니지만 언젠가는 꼭 이루어질 것 같아요. 막연한 바람이 아니라 정말 믿음으로 기다려보고 싶어요." 놀라운 고백이었다. 불과 몇 달 전까지만 해도 성경의 약속이 허무맹랑하게 들린다며 웃었던 사람이었다. 그런데 두 달 동안 매일 새벽마다 한 시간 넘게 기도한 끝에, 응답은 시력 회복이 아니라 믿음의 회복으로 나타났다. 이것이야말로 하나님의 뜻이 아닌가.

이날 설교에서 목사님은 또 한 구절을 소개하셨다. 갈라디아서 6장 9절. "우리가 선을 행하되 낙심하지 말지니, 포기하지 아니하면 때가 이르매 거두리라." 이 말씀은 우리 부부에게 또 하나의 약속처럼 다가왔다. 지금은 아직 때가 이르지 않았을 뿐, 하나님은 언젠가 반드시 응답하신다는 확신. 우리는 그 믿음을 붙들고 특별기도회 52일을 마감했지만, 여기서 멈추지 않기로 했다. 금년 내내, 하루도 빠짐없이 새벽을 기도로 여는 삶을 살기로 결심했다.

기도 제목은 변함없다. 아내의 시력 회복. 하지만 지금은 단순한 회복을 넘어서 믿음이 깊어지기를, 하나님이 허락하신 때에 이루어지기를 바란다. 새벽마다 성경을 펴고, 손을 모으고, 다시 그 말씀을 되뇐다. "받은 줄로 믿으라."
"때가 이르매 거두리라." 이제 나는 응답을 기다리는 사람이 되었다. 믿음을 따라, 때가 이르면 거두리라는 그 약속 하나 붙들고 오늘도 새벽을 연다.

그날, 아내의 이름은 이영자였다

　　수년 전 추석 명절 바로 전날 저녁이다. 그날은 난데없는 비가 억수로 쏟아지고 있었다. 그냥 쏟아지는 것이 아니라 하늘 문을 활짝 열어놓아 물을 그냥 퍼붓는 것 같았다. 빗소리가 강한 바람을 타고 베란다 창문을 요란하게 후려치고 있었다. 컴컴한 밤 자정이 가까운 시간인데도 비는 그칠 줄 모르고 내려 끝이 안 보였다. 내일 명절을 앞두고 이 무슨 날벼락이란 말인가.

　　그토록 억수로 쏟아지는 빗줄기는 우연이 아니었다. 우리 집에 커다란 액운이 도사리고 있었으니 아내가 죽을 수도 있다는 무시무시한 경고로 들렸다. 뇌수술을 받고 중환자실에 입원해 있다가 다행히 경과가 좋다는 판단이 내려져 퇴원한 지 3일째 되는 날이다. 그러나 아내는 회복이 되지 않고 더 악화되기 시작했다. 점점 의식이 희미해지더니 비틀비틀 몸을 가누지도 못했다. 아무래도 심상치 않았다. 지난번 뇌수술을 받을 때 의사는 생존 확률이 50%뿐이 안 된다고 했다. 그렇다고 가만히 있을 수 없어서 위험을 무릅쓰고 수술을 단행하여 잘 된 줄 알았는데 그 후유증으로 병이 재발한 것이다.

 빗줄기가 쏟아지는 한밤중에 119를 불러 아내를 구급차에 태우고 서울대학병원 응급실에 갔다. 담당 의사의 진단 결과 재수술을 해야 한다는 판정이 났다. 머리를 빡빡 밀고 수술을 하기 위해 대기하는 동안 아내는 내가 누구냐고 물어보면 '이영자'라고 자기 이름만 대며 나도 몰라보았다. 나와 큰딸은 아내가 수술하는 동안 대기실에 비치된 영상을 통해서 아내의 수술 진행 상황을 지켜보며 긴장을 늦출 수가 없었다. '제발 주님 수술이 잘 되게 하여주시옵소서'라고. 딸은 내 옆에서 눈을 감고 중얼중얼 소리 내 쉴새 없이 기도만 하고 있었다. 영상에는 수술장면은 비치지 않고 '이영자 수술 중'이라고만 나온다. 조금 후에 '이영자 수술 완료 후 회복 중'이라는 문자가 떠서야 조금 마음이 놓였다. 이제 수술은 끝났는데 성공했을까. 초조와 불안 속에서 걱정하고 있는데 수술을 집도한 의사가 나왔다.

 "이영자 씨 보호자 어디 계십니까" 나와 딸은 눈이 휘둥그러져 놀라서 의사에게 달려 갔다. 의사의 입에서 무슨 소리가 나올까. "수술은 잘 되었습니다" 그 순긴 의사가 얼마나 고마웠는지 모른다. 저런 의사의 손길이 아니었다면 아내는 목숨을 건질 수 없었을 것이다. 남들은 추석 명절 쉬는 날인데도 밤잠도 못 자고 수술을 집도한 의사가 너무도 고마웠고 존경스러웠다. 그가 천사 같이 보였다.

그토록 존경스럽고 고마웠던 의사들이 오늘날 파업을 한다니 어안이 벙벙하다. TV 아침 뉴스에는 전공의들의 집단 이탈로 병원업무가 마비 상태에 들어갔다는 우려의 목소리로 시끄럽다. 다른 직업도 아니고 의사들이 파업한다니 남의 일 같지가 않다. 의사는 우리의 생명과 직결되기 때문이다. 의사를 영어권에서는 닥터라고 부른다. 박사라는 칭호를 붙일 만큼 사회적으로 존경의 대상이기도 하다. 그들은 생활 보장도 충분히 확보되고 있는 직업인으로서 모든 사람의 선망 대상이다. 딸은 자기 친구 중 남편 의사를 둔 친구들을 무척 부러워하고 있다. 그렇게 사회적으로 경제적으로 대우를 받는 의사 선생님들이 무엇이 부족하여 집단으로 파업을 단행하는가.

전국적으로 만여 명의 전공의가 병원의 환자를 버린 채 떠나 두 달이 되도록 복귀하지 않고 정부 정책과 맞서 대치하고 있다. 대형병원의 중환자실에 의사가 부족하여 암환자들의 수술이 지연되고 있고 응급환자가 있어도 병원에서 받아주지를 않는 경우도 발생하고 있다고 한다. 그야말로 의료대란이 일어나고 있다. 문제의 핵심은 의대 정원을 2천 명 증원한다는 정부의 방침에 의사단체가 반대하고 있기 때문이다. 초고령화 시대에 접어들면서 의료의 수요는 점점 늘어날 추세이며 이러한 정책은 이번 정부에서 갑자기 들고나온 계획이 아니다. 20년 전 노무현 대통령 때부터 문재인, 이명박, 박근혜 대통령 때까지 일관되게 추진해왔으나 의사협회의 강력한 반발에 부딪혀 한 발짝도 진전되지 못한 과제이다. OECD 국가 중에서도 터무니없이 의대 정원이 적은 숫자라고 하는데도 왜 그들은 반대할까. 약자인 환자를 외면하고 자신들만의 이익을 추구하겠다는 이기적인 욕심 때문이 아닌가.

앨버트 슈바이처 박사는 대학교수 재직 중 우연히 책상 위에 있는 잡지에서 아프리카의 열악한 의료시설로 인해 환자들이 죽어가고 있다는 글을 읽고 죽어가는 생명을 구하기 위하여 30대의 젊은 나이에 아프리카로 건너갔다. 그곳에서 환자들을 돌보며 나환자 병원을 세우고 90세까지 60년 간 헌신적인 봉사를 했다. 자신의 안일보다 불쌍한 환자를 돌봐야 한다는 선량한 그 정신이 바로 '히포크라테스' 정신이 아니겠는가.

의학의 아버지라고 불리는 '히포크라테스'는 기원전 5세기에 있었던 사람으로서 의사가 지켜야 할 윤리지침을 정했다. 그 지침이 근간이 되어 1948년에 세계의사회에서 제네바 선언으로 개정되었고 현재까지도 의과대학 졸업식에서는 이를 선서하고 있다. 그 선서 맨 앞줄에는 '나의 생애를 인류봉사에 바칠 것을 엄숙히 서약하노라'라고 쓰여 있고 그 중간에는 '나는 환자의 건강과 생명을 첫째로 생각하겠노라'로 기록되어 있다. 이러한 선서내용과 똑같이 행하지는 못하더라도 국민의 생명을 담보로 하여 총파업을 하는 의사들의 집단행동만큼은 일어나지 않기를 바라는 마음 간절하다.

우리나라 의료시스템은 세계에서도 제일 잘 되어있다고 들었다. 의료비도 저렴하여 미국 같은 나라에서도 비행기를 타고 한국에 와서 수술을 받고 가도 값이 싸다고 한다. 이처럼 의료 서비스가 잘 되어있는 대한민국에 살고 있어 퍽 다행이다는 생각을 하고 있었는데 이번 일로 그러한 자부심이 한꺼번에 무너져 마음 한쪽이 씁쓸하다. 또한 아내가 위기에 처했을 당시 만약에 이런 의료대란이 일어나 대형병원 응급실에서 받아주지 않았더라면 어찌 되었을까 생각하면 아찔한 생각이 든다.

추석 명절 밤중인데도 병원에 나와 아내의 수술을 집도한 의사가 얼마나 감사한지 말로 표현할 수가 없다. 만약에 명절날 바쁜 일정으로 의사가 병원에 오지 않았더라면 아내의 운명은 어찌 되었을까. 죽어가는 환자 앞에 의사는 천사와 같은 존재이다. 병원 밖으로 나간 의사들 어서 빨리 환자 곁으로 와 주기를 바라는 마음 간절하다.

사람 냄새 나는 공간

허리 통증이 심해지던 작년 겨울, 작은딸이 나를 데리고 옥수동에 있는 한 마사지샵을 소개해주었다. "거기 마사지사가 참 좋대요. 한번 받아보세요." 딸은 내 허리가 굳어져 걷는 것도 힘들어하는 모습을 안타까워하며, 중국계 한국인이 운영하는 지압센터라며 적극적으로 권했다.

그곳에는 작고 마른 체격의 남자가 있었다. 겉보기엔 서른 즈음의 청년처럼 보였으나, 이야기를 나눠보니 이미 마흔이 넘었고, 중국에 가족이 있다고 했다. 그의 손길에는 전문적인 노련함이 묻어났고, 그는 스스로에게 확신이 있었다. "제가 해드리면 나아질 수 있어요. 척추 문제라면 저만한 사람이 없습니다." 말뿐이 아니었다. 실제로 마사지를 받는 동안 통증이 서서히 완화되는 것을 느꼈고, 나는 일주일에 한 번씩, 꼬박 4개월을 다녔다. 하지만 그 무렵, 코로나19 사태가 발생하면서 모든 일상이 멈췄다. 그리고 그와의 연락도 끊겼다.

허리는 다시 굳기 시작했고, 나는 대체할 곳을 찾아야 했다. 그러던 어느 날, 아파트 상가를 지나던 중 눈에 띈 간판 하나. '국가공인 자격증 소지 지압센터.' 예전에 이곳을 한 번 들렀던 기억이 있다. 문을 열고 들어갔을 때, 시각장애인 여성 한 분이 응대해주셨다. 왠지 마음이 끌리지 않아 그냥 돌아섰는데, 그날 이후로 늘 마음 한편에 남아 있었다. 이번에는 직접 들어가지 않고 전화번호만 적어왔다. 다음 날 전화를 걸었다. "여보세요, 거기 지압하는 곳 맞나요" "네, 맞습니다. 예약하셔야 합니다. 언제 오시겠어요" 명랑하고 맑은 목소리가 흘러나왔다. 또박또박하면서도 정겨운 그 음성은 낯설지 않게 느껴졌고, 자연스럽게 대화가 이어졌다. 나는 예약을 하고, 며칠 뒤 센터를 다시 찾았다.

실내는 화려하지 않았지만 단정했고, 조용한 분위기에 마음이 편안해졌다. 커튼 하나로 침대 두 개가 나뉘어 있었고, 시각장애인 원장이 밝게 맞이했다. "어디가 아프세요" "허리와 척추가 불편합니다." "걱정 마세요. 제가 열심히 해드릴게요." 마사지는 목 부위부터 시작되었다. 그는 손끝으로 나의 근육을 훑으며 말했다. "근육이 단단하시네요. 골밀도도 좋으시고요. 연세는 어떻게 되세요?" "82살입니다." 그러자 그는 웃으며 말했다. "앞으로 백세까지는 충분히 사시겠어요." 앞도 보이지 않는 사람이 손끝으로 내 몸의 상태를 파악하고, 건강까지 예측하는 모습이 신기하면서도 신뢰가 갔다. 시각이 닫힌 대신, 감각은 더 밝아졌으리라. 그 말 한마디에 마음이 가벼워졌다. "그럼 백세까지 치료 좀 잘 부탁드립니다."

며칠 뒤, 그는 대화 중에 이런 말을 꺼냈다. "지난주에 광화문 집회에 다녀왔어요." 순간 놀랐다. 정치적 성향이 나와 비슷하다는 걸 느꼈다. 앞이 안 보이는데도 집회에 참석했다니, 진정한 애국심이 느껴졌다. 그는 "남편은 저랑 정치성향이 달라요. 지금은 맹인협회 회장 선거에 나가려고 준비 중이에요"라고 덧붙였다. 정치 성향이 다르면서도 존중하며 살아가는 부부의 모습이 인상 깊었다. 서로를 이해하고, 있는 그대로 받아들이는 관계가 부럽기까지 했다. 어느 날에는 남편이 센터에 나와 마사지를 해주겠다고 나섰다. 종아리부터 시작했는데, 손놀림은 단단하고 정직했다. "골밀도 좋으시네요." 똑같은 말을 들으면서도 느낌이 달랐다. 부인의 손길은 부드럽고 안정적이었다면, 남편의 손길은 기술적으로는 훌륭하지만 어딘가 어색했다. 대화도 부드럽지 않았고 나는 무의식적으로 긴장하게 되었다.

그 부인은 참 다양한 능력을 가지고 있었다. 주식 이야기를 자연스럽게 꺼내더니, 내가 투자하고 있는 바이오주인 셀트리온, 삼성바이오로직스 등에 대해 술술 이야기했다. 지금 사도 괜찮은지 내게 물을 정도였다. 앞이 보이지 않는 사람이 어떻게 주식의 동향을 읽는지 의

아했지만, 그녀의 설명은 정확하고 자신감이 있었다. 라디오와 스크린 리더를 통해 주가 흐름을 익히고, 친구들과 정보를 교류한다고 했다. 지압을 받는 동안에도 수시로 전화가 걸려왔다. "네~ 아이고 안녕하세요! 반갑습니다~" 그의 목소리는 통화하는 내내 밝고 활기찼다. 짧은 통화 안에도 정과 신뢰가 묻어났고, 나는 그 전화 속 사람들의 표정까지 느껴질 것 같았다.

　손님들도 끊이지 않았다. 커튼 너머에서 "이거 김밥이에요, 여기 놔둘게요", "햄버거 좀 사 왔어요"라는 말이 들리곤 했다. 대부분 단골들이었다. 나이 지긋한 여성들이 주고받는 정겨운 말들 속에서 이 센터가 단순한 지압소가 아니라 '사람 냄새 나는 공간'이라는 사실을 느꼈다. 나는 가끔 이곳에서 지압뿐 아니라 마음의 짐도 풀고 간다. 가족에게도 말하지 못한 속내를 털어놓아도 괜찮은 사람, 신뢰할 수 있는 사람, 바로 이분이었다. 수필을 쓴다고 하자 "작가님이세요 와, 멋지십니다!"라며 감탄했고, 글을 낼까 말까 고민하자 "꼭 내셔야 해요. 많은 분들이 힘을 얻을 거예요"라고 힘주어 말했다. 그 뒤로 그는 나를 '작가님'이라고 불렀다. 나는 그 호칭에 어깨가 으쓱해졌고 나도 모르게 좀 더 부지런히 글을 써야겠다는 생각이 들었다.

　나는 최근 백내장 수술 이후 우측 시력이 침침해져 불편하고, 척추 수술을 받은 뒤로는 걷는 속도도 현저히 느려졌다. 하지만 두 눈이 보이지 않는 그들 부부가 밝고 명랑하게 그리고 열심히 살아가는 모습을 보며 다시금 마음을 다잡게 된다. 행복은 육체의 조건에 있지 않았다. 정신의 건강, 마음의 태도, 그리고 서로를 향한 신뢰와 사랑이 있는 곳에 있었다. 허리 치료를 위해 한시적으로 찾는 곳이지만 그 짧은 시간 동안에도 사람의 따뜻함과 삶의 의지를 느낄 수 있어 나는 그 길을 기꺼이 걷는다.

2부
지혜의 샘, 수필의 샘

지혜의 샘, 수필의 샘

　가끔 지식과 지혜의 차이에 대해서 질문을 받으면 알 것 같으면서도 명확히 구분되지 않는다. 지식은 그냥 일반적이며 상식적인 정보라고 말할 수 있다. 그러면 학교에서 배우는 공부는 지식에 속하는가 지혜에 속하는가. 영어, 수학, 역사, 지리 같은 학문은 분명 지식이다. 영어 단어를 암기하고 수학 공식을 외우고 역사에 관한 학술을 지식이라고 말하지 지혜라고 하지는 않는다. 그렇다고 학교에서 지식만 배우는 곳이라고는 말할 수 없다. 모든 지혜는 배움에서 나오며 학술의 전당인 학교에서 지혜도 아울러 얻게 된다.

　'Knowledge is power 아는 것이 힘이나'라는 의미는 지식이 많아야 힘이 된다는 말이다. 그러나 지식만 가지고는 힘이 될 수 없다. 지혜가 있어야 성공할 수 있다. 'Wisdom is power 지혜가 힘이다'라고 표현해야 하지 않을까. 성경에 '나는 진리요 길이요 생명이다.'

라는 말씀을 지식이라고 하지 않는다. 지혜의 말씀이라고 말한다. 지혜는 지식보다 상위개념이다. 그렇다고 지식과 지혜는 별개의 개념이 아니라 상호 밀접한 관계에 있다. 때로는 같은 의미로 쓰이지만 지혜는 생활 속에서 자연히 터득하는 것이리라.

메모장을 읽다가 좋은 문구를 발견했다. '지혜란 곰삭은 지식을 말한다'라고. 참 알맞은 표현이다. 수많은 양의 지식이 모여 곰삭아 엑기스의 지혜가 나온다. 메모장에는 이어서 지식과 지혜에 대한 의미를 명확하게 알게 해주는 실례를 하나 들었다. "길을 가다가 우연히 만 원짜리 지폐 한 장을 발견했다고 하자. '엇, 돈 만 원이야' 하고 만 원짜리를 알아보는 것은 지식이고, '야, 오늘 운이 좋은데 이 돈을 가지고 무엇을 하지' 하고 만 원의 가치를 알아보는 것은 지혜라고 했다." 황금만능의 세상에서 돈을 목표로 하여 수단과 방법을 가리지 않고 돈을 벌어 부자가 되는 것은 지식의 힘이다. 하지만 목표 수익이 달성된 이후 이 돈으로 자선사업을 하고 사회에 환원하는 능력은 지혜의 몫이다. 지식만 가지고는 이 세상에서 성공할 수 없다. 지혜가 있어야 성공할 수 있고 사회에 공헌할 수 있다.

한 선비가 강을 건너게 해주는 사공에게 으스대며 물었다. "자네 글을 지을 줄 아는가. 모릅니다. 그럼 세상 사는 맛을 모르는구먼. 그럼 공명의 가르침을 읽었는가. 모릅니다. 저런 까막눈이로군. 원 세상에, 그럼 자넨 왜 사는가" 이때 배가 암초에 걸려 가라앉게 되었다. 이번엔 사공이 물었다. "선비님! 헤엄칠 줄 아십니까. 아니 난 헤엄칠 줄 모르네. 그럼 선비님은 죽은 목숨과 다름없습니다."라는 옛이야기가 있다. 아무리 이론적인 지식으로 무장했다고 할지라도 세상을 살아가는 지혜가 없으면 무용지물일 뿐이라는 교훈을 비유적으로 말한 것이 아닌가 한다. 이론으로만 알고 있을 뿐 행동으로 옮기지 않는 행위 역시 지혜의 부족이라는 말일 것이다.

그렇다면 어떻게 하면 지혜를 얻을 수 있는가. 공부를 많이 해서 석사가 되고 박사가 되면 얻을 수 있을까. 그렇지 않다. 공부를 많이 한다고 해서 얻어지는 것이 아니다. 정직하게 살고 성실하게 행동하며 양심껏 살려고 노력하는 자에게 지혜는 하늘에서 내려준다. 성경 66권을 수십 번 읽어서 암송한다고 해도 지혜가 없으면 그 안에 진리와 영생이 있음에도 불구하고 영원한 세계를 발견하지 못한다. 베드로는 고기 잡는 어부였다. 그러나 예수님이 나를 따라오라고 했을 때 그물과 배를 버리고 따라갔기에 훌륭한 제자가 되었다. 지식으로 그를 알아본 것이 아니다. 지혜가 있었기 때문이었다.

우리는 지금도 지식을 쌓기 위해 석사, 박사 학위를 따고 많은 독서를 한다. 그러한 지식이 필요 없다는 말은 아니다. 지식은 지혜에 이르는 관문이다. 지식의 문을 열고 들어가 지혜를 발견해야 한다. 그러나 아쉽게도 지식의 문 언저리에서만 맴돌다가 진짜 보석인 지혜를 발견 못 하고 마는 사람들이 대부분이다. 지혜의 샘에서 양심이 나오며 지성이 나온다. 공의, 진리, 정의 이 모든 것이 지혜의 샘에서 우러나온다. 그러나 요즘 지혜로운 인물이 드물다. 왜곡된 보도를 하는 언론, 공정과 정의를 외면한 검찰, 당리당략에 함몰되어 있는 국회의원들에게 양심과 지혜가 아쉽다.

　수필의 제재는 지식에서 찾아야 할까 지혜에서 찾아야 할까. 수필 한 편을 짓기 위해 글감을 찾아 헤매는 경우가 많다. 어디에서 그것을 얻어야 할까. 수필은 주제 중심의 문학이기에 훌륭한 수필은 글감이 좋아야 한다. 재료가 좋아야 맛있는 요리가 만들어지지 않겠는가. 줄리아 카메른이 쓴 '아시스트 웨이'에서 인간 내면의 깊은 곳에 창조의 샘이 있다고 말했다. 거기에는 갖가지 송어 떼들이 살고 있다. 그 샘에서 뛰놀고 있는 송어 떼들이 이미지요 아이디어요 글쓰기의 재료가 되는 원천이다.

　이러한 창조의 샘은 상류에 있는 지혜의 샘에서 흘러나온다. 따라서 평소에 지혜의 샘을 잘 관리해야 창조의 샘이 잘 형성되어 그 안에 살고 있는 송어 떼들이 살찌고 빛을 발할 것이다.

　수필의 글감은 바로 우리 영혼의 샘에서 뛰놀고 있는 송어떼들이다. 이러한 송어떼들을 낚아내어 독자들이 먹기 좋도록 잘 요리하여 만든 작품이 수필이 라고 하면 맞지 않을까.

스무 개의 치아, 스무 살의 맛

    초여름 오후 날씨는 곧 찜통더위를 예고라도 하는 듯 무덥기만 하다. 대학로를 따라 올라가면 마로니에 공원이 보이며 그 앞에는 서울대학교병원이 있다. 언제나 그렇듯이 이곳은 북적대는 인파로 출렁이고 있으며 남녀노소 할 것 없이 저마다 바쁘게 어디론가 향해서 가고 있다. 그 중에서도 대학병원으로 가는 길목은 전국각지에서 몰려드는 환자들로 몸살을 앓고 있다. 오늘 따라 왜 이리 복잡한지 서울대학병원으로 향하는 에스컬레이터는 발 디딜 틈이 없이 사람들로 가득하다.

    오른쪽 아랫니가 아파서 치과진료를 기다리고 있는 중이다. 첫 진료 후 일주일도 안 되어 통증이 점점 더 심해지더니 위 아랫니가 부딪히기만 해도 견딜 수가 없다. 이를 금속으로 씌워 쓴 지가 20년도 더 되었으니 발치를 해야 할 것 같은 예감이 들어 발걸음이 무겁다. 치과병원에만 오면 이상하게도 불안초조하고 신경이 쓰인다. 임플란트 수술할 때는 말할 것도 없고 스켈링을 할 때도 드르릉드르릉 드릴 가는 쇳소리만 나면 촉각이 곤두선다. 간단한 치료를 하는 중에도 그 예리한 칼날이 잇몸맨살을 건드릴 때가 있다. 아, 하고 나도 모르게 소리가 나온다. '죄송합니다'라고 사과하는 의사도 있지만 '좀 참아야 합니다'라며 말하는 경우도 있다. 누가 참을지 몰라서 그런가.

대학병원 본관 4층 치주과 치료 의자에 앉아서 아래를 내려다보니 늦은 오후 햇살이 저녁을 향하여 달려가고 있고 저 아래 자동차와 사람들이 오가는 모습이 무척 태평하게 보인다. 나는 지금 아픈 치아를 빼기 위해 초조와 불안 속에 떨고 있는데 저들의 한가한 모습이 한없이 부럽다. 죄도 없으면서 치과병원만 오면 긴장되고 겁이 난다. 육군 중위 때 원주에서 근무할 때다. 어금니를 발치할 때 마취주사를 놓았는데도 얼마나 아팠는지 아래턱이 하늘로 끌려 올라가는 줄 알았다. 나중에 알고 보니까 마취가 잘 안 된 것이다. 마취도 안 된 생니를 펜치로 대못 뽑듯이 잡아 뽑았으니 그 통증이 얼마나 심했을까. 그것도 다 끝나고 난 후 한참 뒤에야 알았기에 참았지 마취 안 된 사실을 그때 알았더라면 겁 많은 나는 아마 진료실을 뛰쳐나왔을지도 모른다. 이런 뼈아픈 경험이 있기에 치과병원에 올 때마다 혹시 또 마취가 잘 안 될까 하는 트라우마가 작동하곤 한다.

담당의사가 와서 발치 동의서에 사인을 받은 후 마취주사를 놓겠다고 한다. 나는 마취가 안 되는 경우가 있으니 참고하라고 말했더니 그 말을 듣고 마취약을 과도하게 넣었는지 턱 아래 전체가 남의 살이 되어 움직이지도 않는다. 곧바로 입을 벌리라고 하더니 무언가 마구 가는 소리가 나고 쓰디쓴 약물 같은 것이 입 안에 들어온다. 잠시 후 우두둑 하는 소리가 난다. 조금 후에 '다 끝났습니다' 하는 말에 안도의 한숨이 나왔다. 옛 어른들이 골치 아픈 일을 해결하고 나면 앓던 이 뺀 것처럼 시원하다고 하는 말이 있듯이 그 아프던 이가 언제 그랬느냐는 듯 통증이 싹 사라졌다. 그래도 우측 잇몸이 얼얼하다. 큰 수술도 아닌데 왜 이렇게 긴장이 되었던지…. 어쨌든 아픈 이를 뽑아서 당장 통증은 면했지만 마음 한 구석이 허전하다.

1군사령관을 지낸 육군대장 출신 안필준 씨는 퇴역 후 일본에 가서 노인학을 연구하여 의학박사 학위를 취득하고 귀국하여 책을 펴냈다. 거기에서 앞으로 장수시대가 오는데 장수하려면 노후건강의 필수조건 하나가 건강한 치아보존이라고 강조했다. 일본에서는 1989년부터 치아건강을 위해 전 국민적으로 8020운동이 전개되었다고 한다. 80세까지는 적어도 20개의 자기치아를 유지해야 된다는 말이다. 정상성인은 사랑니를 제외한 28개의 영구치를 가지고 있는데 이 중 20개는 유지해야만 충분히 영양섭취를 할 수 있고 먹는 즐거움을 느낄 수 있다는 것이다. 이 책을 본 이후 나는 어떻게든지 자기치아 20개를 유지하려고 노력했다. 매 6개월마다 대학병원에서 정기검진을 받고 스켈링도 주기적으로 하는 등 최선을 다한다.

그럼에도 나는 80세 이전에 이미 10개나 발치하고 임플란트로 교체했다. 그래도 8020은 유지했는데 작년에 한꺼번에 앞이 4개를 통째로 발치하는 바람에 그 마지노선이 무너졌다. 하지만 나머지가 아직 남아있다고 자위하고 있었다. 그런데 이번에 또 하나를 발치하게 되었으니 어찌 마음이 편할 수가 있겠는가. 앞으로 또 몇 개가 망가질지 모르겠다. 나이가 들수록 그 수가 늘어날 것이니 걱정이 하나 더 생겼다.

우리 부모 세대만 해도 임플란트가 개발되지 않아 틀니를 해 넣었다. 틀니는 이 닦을 때마다 빼내서 손으로 닦아야 하니 얼마나 불편했겠는가. 그나마 치과병원도 흔하지 않아서 집에서 이가 땡땡 부어오르고 곪아터질 때까지도 병원에도 못가고 참고 있다가 완전히 썩으면 할머니가 손자의 이빨을 실로 뽑아내는 경우를 종종 봤다. 그때만 해도 덴탈이 아니라 멘탈이었다. 의학의 힘이 아니라 정신력으로 버텨야 했던 것이다. 지금은 얼마나 치과의학이 발전했는가. 시설도 좋고 의술도 대단히 발전했다. 잇몸을 뚫어 자기치아나 다름없는 인공치아를 심는 시대가 되었다.

오늘 초조와 불안에 떨었지만 옛날 우리 부모세대에 비하면 오히려 다행이라는 생각이 든다. 비록 8020은 무너졌다 하더라도 아직은 플러스마이너스 오차범위 안에 있으니 나머지만이라도 최선을 다해 관리해야겠다. 구강은 예로부터 건강의 문이라 하지 않았는가. 치아는 미각의 첨병이다. 나는 8020에서 20의 의미를 치아 20개에서 20대의 입맛으로 전환하려 한다. 80대이지만 입맛은 20대로 유지하며 살고 싶다.

포화 속의 기도

글을 쓰다 보면 가끔 마음이 걸릴 때가 있다. 정치, 종교, 죽음에 관한 주제를 다룰 때 그렇다. 굳이 민감한 이야기를 하려는 의도는 없지만, 막상 이런 소재를 선택하면 읽는 이의 반응이 좋지 않은 경우가 많다. "굳이 이런 이야기를 왜 하지?" "신앙은 각자의 문제인데 왜 강요처럼 느껴질까?" 이런 반응을 의식하다 보면 나도 모르게 심리적 제약을 받게 된다.

그러나 생각해보면, 이 세상에서 정치, 종교, 죽음만큼 인간 삶과 밀접하게 맞닿은 주제가 또 어디 있겠는가. 문학이란 삶의 체험을 바딩으로 인산, 사연, 사상을 언어로 승화시키는 작업이다. 그렇다면 정치, 사회, 경제, 문화, 종교, 삶과 죽음은 당연히 수필의 소재가 될 수 있다. 수필의 원류인 몽테뉴의 글을 보면 그는 어떤 제약도 없이 인생의 모든 측면을 허심탄회하게 다뤘다. 그가 말한 "나는 나 자신을 쓴다"는 문장은 수필가라면 한 번쯤 되새겨봐야 할 말이다.

기독교 역시 마찬가지다. 르네상스 이전의 고전문학은 기독교를 빼고는 설명이 되지 않는다. 시스티나 소성당 천장에 그려진 미켈란젤로의 '천지창조'는 성경 창세기를 소재로 한 작품이며, 파스칼의 '팡세', 도스토옙스키의 '죄와 벌', 톨스토이의 '부활', 단테의 '신곡', 헤르만 헤세의 '데미안' 모두 기독교 사상이 바탕에 있다. 그런데도 이들은 고전으로 불리며 오늘날까지도 수많은 독자에게 감동을 주고 있다. 결국 중요한 것은 '무슨 이야기를 했는가'가 아니라 '어떻게 말했는가'일 것이다. 독자를 설득하고 감동시키는 힘은 진정성과 형상화에 달려 있다.

오늘 예배 시간, 목사님이 설교를 마치며 한 가지 짧은 이야기를 전했다. "지금은 소천하신 어떤 목사님이 계셨는데, 그분께 어느 나이 지긋한 집사님이 단도직입적으로 물었습니다. '목사님, 천국과 지옥이 있습니까, 없습니까?'" 목사님이 "하나님이 세상을 창조하실 때…"라고 설명하려 하자, 그 집사님은 말을 끊으며 단답형으로만 답해달라고 재촉했다. 결국 목사님은 "예, 천국이 있습니다"라고 말했다. 그러자 그 집사님은 "네, 알겠습니다. 그렇다면 제 모든 의문은 끝났습니다. 어떻게 살든지 천국이 있다는 것이 확실하다면, 이제 열심히 신앙생활 하겠습니다"라고 대답했다는 이야기였다.

나는 그 이야기를 들으며 오래된 기억 하나가 떠올랐다. 실제로 나도 그런 질문을 하고 싶었던 적이 많다. 기독교인이라고 해서 모두

내세에 대한 확신을 갖고 사는 것은 아니다. 오히려 삶의 고비마다 의심이 올라오곤 한다. 믿음이라는 것도 유동적이다. 한순간은 믿음으로 가득하다가도, 또 다른 순간엔 의심이 고개를 든다. 애정도, 우정도, 신앙도 때로는 변한다. 상황이 유리하면 하나님을 찾고, 불리하면 외면하는 것이 인간의 나약한 본성이다.

나는 월남전에서 그걸 실감했다. 맹호사단 소대장으로 참전했을 당시, 열 명의 소대원을 이끌고 밤 매복작전에 나간 적이 있다. 해가 뉘엿이 지고 어둠이 깔릴 무렵, 소대원들에게 간단한 주의사항과 군장검열을 하면서 나는 속으로 간절히 기도했다. '오늘 밤 무슨 일이 일어날지 모릅니다. 적의 총알이나 수류탄이 나를 향할지도 모릅니다. 하지만 두렵지 않습니다. 천국이 존재하며, 죽어서도 더 좋은 곳으로 갈 것을 믿기 때문입니다.' 그렇게 기도하면 마음이 평안해졌다. 당시 나는 성경 지식은 부족했지만 믿음만은 진실했다.

그런데 그날 밤, 그 믿음은 예상치 못한 상황 앞에서 흔들렸다. 새벽 3시쯤, 가랑비가 내리고 으스스한 바람이 옷깃을 파고들 때, 적 베트콩이 정말로 내 눈앞에 나타났다. 어둠 속에서 형체가 아른거리더니 수류탄이 날아왔다. 터지는 굉음과 함께 내 옆에 있던 병사의 목이 사라졌다. 영화에서민 보던 선부 장면이 현실이 되어 눈앞에서 벌어지고 있었다. 순간 나는 그 자리에 얼어붙었다. '살아서 돌아가야 한다. 지금 여기서 죽을 수는 없다.' 그렇게 간절히 비랐다. 매복작전에 나서기 전까지만 해도 죽어도 천국에 갈 수 있으니 걱정 없다고 스스로를 다독였지만, 죽음이 실제로 닥치자 그 믿음은 온데간데 없었다. 믿음보다 더 앞선 건 생존 본능이었다.

  그날 이후, 내 마음은 흔들리기 시작했다. 진정한 믿음이란 과연 무엇일까. 죽음 앞에서 떨지 않는 믿음, 공포를 이기는 신념은 어떻게 가능할까. 성경에 등장하는 사도 바울은 감옥에서도 찬송을 불렀고, 순교를 앞두고도 두려워하지 않았다. 예수님은 십자가 위에서 고통 중에도 "저들이 하는 일을 모르니 용서해 주옵소서"라고 기도했다. 그런 믿음을 나는 과연 가질 수 있을까. 사도 바울은 처음부터 신앙인이 아니었다. 오히려 기독교인들을 박해하던 사람이었다.
  로마의 황제 네로가 대전차 경기장 울타리 안에 기독교인들을 가두고 맹수를 풀어 살점을 뜯게 하던 시내에, 바울은 그들의 편이 아니라 박해자의 입장이었다. 그런데 다메섹 도상에서 부활하신 예수님을 만난 뒤, 그는 회심했다. 그리고 신약성서 대부분을 기록하며 가장 위대한 사도 중 하나가 되었다.

  나는 그처럼 확고한 믿음이 부럽다. 죽음 앞에서도 흔들리지 않는 신념, 감옥에서도 찬송을 멈추지 않는 용기, 순교를 앞두고도 주저하지 않는 믿음, 그런 믿음을 나도 갖고 싶다. 주여, 적의 포화 속에서도 두려워하지 않는 바울 같은 믿음을 내게도 허락하소서. 순간의 공포에 휘둘리지 않고, 흔들리지 않는 신앙의 뿌리를 내리게 하소서. 삶의 끝자락에서도 당신의 평안과 확신으로 내 영혼을 붙들어 주소서.

성장하는 나무는 죽지 않는다

아파트 주변을 둘러싸고 있는 나무들이 어느새 푸르른 잎을 무성하게 틔워 올렸다. 얼마 전까지만 해도 앙상한 가지들이 바람에 흔들리며 생명을 잃은 듯 보였는데, 이제는 그 잿빛 겨울의 흔적을 말끔히 지우고 온몸으로 생기를 뿜어낸다. 지난 겨울, 혹한과 눈보라 속에서도 그들은 결코 죽지 않았던 것이다. 보이지 않는 뿌리에서부터 성장을 멈추지 않았기에, 봄이 오자 다시금 생명의 옷을 입을 수 있었던 것이다.

내가 살고 있는 아파트 바로 앞에는 '신일교회'가 있다. 지금이야 약수동은 번화한 도심이지만 해방 직후만 해도 이곳은 남산 자락에서 흘러내린 계곡 하나만이 있던 변두리였다. '약수가 솟는다' 하여 붙여진 이름처럼, 그때는 개발되지 않은 허허벌판이었던 이 땅에 신일교회의 첫 싹이 틔워졌다. 그 중심에는 이일선이라는 젊은 목회자가 있었다. 1945년, 해방되던 해에 조선신학교에 입학한 그는, 일제가 물러간 후 신당동에 있던 천리교 포교소를 접수해, 일본식 기와지붕이 얹힌 80평 남짓한 낡은 목조 건물에서 100여 명과 함께 첫 예배를 드렸다. 초라한 시작이었다.

그러나 70년이 흐른 지금, 신일교회는 2천 명이 넘는 성도들이 모이는 대형교회로 성장했다. 이것은 단지 숫자의 성장이 아니라, 이일선 목사의 믿음과 헌신이 이룬 기적이라 말할 수 있다. 그의 삶은 단지 교회 건축에 머물지 않았다. 4·19 혁명이 일어난 그 해, 그는 안정된 목회 자리에서 일어났다. 자신이 17세 되던 해에 읽은 '알베르트 슈바이처' 박사의 전기에 깊은 감동을 받은 그는, '한국의 슈바이처'가 되겠다는 꿈을 마음속에 품고 있었다.

그 꿈을 이루기 위해 책 장사도 하고 교목 강사도 하며 어렵게 생활을 이어가다 결국 서울의대에 입학했고, 33세의 나이에 의사가 되었다. 그는 "너는 나병 환자를 위해 일하라"는 하나님의 음성을 들었다고 고백한다. 이후 한국 최초의 나병 관련 저서인 『나병의 현대적 개념』을 번역했고, 목사이자 의사로 일주일을 쪼개어 반은 목회하고 반은 진료를 다녔다. 당시 전국에 10만 명이 넘는 나병 환자가 있었으나, 대부분은 공동묘지 근처나 다리 밑에서 방치된 채 살아가고 있었다. 이일선 목사는 '나병 이동 진료반'을 조직하여 전국을 돌며 그들을 찾아가 치료했고, 복음도 함께 전했다. 결국 그는 울릉도로 향했다.

나병 환자와 결핵 환자가 모여 사는 그곳에서 평생을 바쳤다. 그러나 그렇게 헌신적인 삶을 살았음에도 불구하고 그의 이름은 교회 역사서에도, 일반 대중의 기억에도 오래도록 남지 못했다. 다행히 10년 전 신일교회에 부임한 배요한 목사님이 그의 행적과 업적을 발굴하여 두 권의 책으로 엮어냈고, 그를 기억하게 해주었다.

나 역시 군 생활의 절반 이상을 전방에서 보냈기에, 군 교회만 다녔고, 신앙은 있었지만 교회 활동에는 적극적이지 못했다. 대대장 근무 후 육본으로 전출되면서 서울 생활을 시작하게 되었고, 이때부터 신일교회를 다니기 시작했다. 벌써 40년 전의 일이다. 그렇게 오랫동안 신일교회를 다녔지만, 이일선 목사님의 삶에 대해 제대로 안 것은 이번에 그 책을 읽고 나서였다.

지난주 교회 주보에는 반가운 이름이 실려 있었다. 철학자 김형석 교수의 초청 강연 소식이었다. 그는 우리나라 사람이라면 누구나 한 번쯤 책이나 방송에서 접했을 법한 인물이다. 나도 몇 차례 그의 책을 읽은 적이 있지만, 104세라는 연세에도 여전히 왕성하게 활동하고 있다는 사실이 믿기지 않아 이번 강연은 꼭 참석하고 싶었다. 알고 보니 김형석 교수와 이일선 목사는 젊은 시절부터 신앙의 동역자로 깊은 교분을 나누었던 사이였다. 이 목사가 복음으로 하나님을 전했다면, 김 교수는 교육을 통해 복음을 전했다.

그는 말한다. "기독교 복음을 널리 전하기 위해서는 세 가지 길이 필요하다. 목회, 교육, 병원이다." 그런 뜻에서 그는 한때 우리 교회에서 교육전도사로 봉사하기도 했다. 그날 강연은 기대 이상이었다. 철학 강의보다도, 그의 생생한 삶의 이야기와 나이 듦에 대한 철학, 그리고 건강하게 사는 비결이 귀에 쏙쏙 들어왔다. "나는 교수 재직 때보다 퇴직 이후에 더 많은 일을 했습니다. 매일 집필과 강연으로 바빴고, 그래서 지금까지도 건강을 유지하고 있습니다. 성장하는 나무는 죽지 않습니다." 그의 마지막 말은 내 가슴을 깊이 울렸다. "성장하는 나무는 죽지 않는다." 나무가 성장을 멈추는 순간 죽는 것처럼, 인간도 배우고 일하며 자라나지 않으면 생기를 잃는다는 말이었다.

나는 수필을 쓰는 사람이나. 나도 모르게 가끔 '이제 그만 써야 하나' 싶은 유혹이 들 때가 있다. 하지만 이 말을 듣고 생각이 바뀌었다. 내가 글을 쓰는 한, 나의 뇌는 성장하고 있다는 사실, 수필을 쓰는 일은 단순한 취미가 아닌, 내 삶을 지속시키는 힘이 아닐까. 성장을 멈추지 않는 한, 나도 살아 있는 나무처럼 여전히 푸르를 수 있다는 희망이 생겼다.

돈을 사랑해도 될까요

'돈을 좋아하세요?'라는 질문을 받으면 대부분의 사람들은 선뜻 '좋아한다'고 답하지 못한다. 마치 돈을 좋아한다고 하면 속물이나 배금주의자로 오해받을 것 같아서다. 하지만 솔직히 말하자. 누가 돈을 싫어한단 말인가. '돈 좋아한다'는 말을 부끄러워하면서도, 우리는 매일같이 돈을 생각하고, 그것이 없을 때면 불안해한다. 밥값이며 병원비, 자녀 교육비와 전기세, 가스비까지 돈 없이는 아무것도 할 수 없는 세상에 살면서도, 입 밖으로는 돈에 대한 감정을 감춘다.

며칠 전, 외출 중에 전철을 타고 가는데 큰딸에게서 문자가 왔다. "아빠, 주식이 자꾸 떨어지네요. 정신 건강을 위해서 앞으로는 정말 안 해야겠어요 ㅠㅠ" 딸은 1년 가까이 밤잠을 줄여가며 초중등 교과서를 제작했고, 어렵게 출판사에 채택되어 인세를 받았다. 기특하게도 그 돈으로 우리 부부에게 밥을 사주고, 남은 천만 원을 어떻게 할까 고민하다가 주식에 투자하면 어떨지 내게 물었다. 나는 서슴없이 권했다. "지금은 저가니까 괜찮아. 오르면 파는 거야. 5%나 7% 수익이 나면 매도하는 식으로 판단 잘 해서 해보렴."

딸은 그 말을 듣고 바로 투자에 들어갔다. 그러나 다음 날부터 주식 시장은 무섭게 폭락하기 시작했다. 심지어 신문 1면에는 '버냉키 쇼크, 세계 금융시장 강타'라는 기사 제목이 실렸고, TV 뉴스는 주식 하락으로 도배되었다. 당황한 딸은 실망의 문자를 연달아 보내왔다. "애써 번 인세를 다 날릴 것 같아요." 걱정이 되어 나는 이렇게 답했다. "주식이란 원래 오르락내리락 하는 법이야. 두 달만 더 기다려보자. 그때도 회복이 안 되면 손해 본 만큼 아빠가 메꿔줄게."

그러자 딸은 "아빠 탓하는 게 아니에요."라는 문자를 보내왔다. 그 말이 고맙기도 하고, 짠하기도 했다. 인생에서 처음 번 돈을 투자해 본 경험이 실패로 끝날까봐 불안한 심정이 느껴졌다. 나는 그날 늦은 밤까지 딸이 투자한 종목의 주가 흐름을 살펴보며, 세상의 이치와 돈의 속성을 다시금 되새겼다. 며칠 뒤 은행에 볼일이 있어 갔다가 부지점장을 만났다. 시원한 에어컨 아래 넓은 책상에 앉아 있는 모습이 부러워 보였는데, 그가 무심히 한마디 한다. "지점장이 스트레스를 주어서 너무 힘들어요." 나는 놀라 물었다. "이렇게 좋은 환경에서도 힘들다고요?" 그는 "근무 평가 항목이 15가지가 넘어요. 점수가 낮으면 바로 퇴출이라는 공포가 있어요. 늘 긴장하면서 고객 응대하고 실적을 관리해야 하죠." 하고 한숨을 내쉬었다. 겉으로는 안정된 직장처럼 보여도, 속은 언제 무너질지 모르는 구조였다.

그 말을 듣고 생각이 많아졌다. 이 세상에 돈을 쉽게 버는 사람은 없다. 안정된 직장에 다니는 사람도, 자영업을 하는 사람도, 하루하루 버티며 살아가는 사람도 각자의 방식으로 긴장을 견디며 돈을 벌고 있다. 노동의 대가로 얻은 돈은 그 자체로 귀하고 존엄하다. 그러므로 그 돈을 사랑하고 아끼는 건 너무나 자연스러운 일이다. 나 역시 군 생활 34년 동안 평탄하지는 않았다. 춘천 2군단 벙커에서 근무하던 시절, 하루에도 열두 번씩 계급장을 떼고 전역하고 싶다는 생각이 들었다. 사명감으로 버티지만, 결국에는 자기 자신과 가족의 생계를 책임져야 한다는 현실이 가장 큰 동기였다.

누구든지 돈을 외면할 수 없다. 일을 해서 버는 것도 중요하지만, 번 돈을 잘 관리하고 투자하는 것도 중요하다. 투자를 잘하면 일의 몇 배의 효과를 얻을 수 있다. 이것이 자본주의 사회의 원리이자, 우리가 경제를 공부해야 하는 이유다. 나카가미 케이키는 『부자 되는 뇌의 구조』라는 책에서 이렇게 말했다. "일은 메인 바퀴고 투자는 보조 바퀴다. 일만 하려는 사람은 정년 후에도 계속 일해야 한다. 하지만 보조 바퀴가 있는 사람은 은퇴 후에도 풍요로운 삶을 누릴 수 있다." 나이가 들면 일을 지속하기 어렵다. 그러니 벌어 놓은 돈이 일을 하도록 해야 한다. 물론 투자는 언제나 리스크가 따른다. 하지만 리스크가 두렵다고 아무것도 하지 않으면 오히려 가치는 점점 줄어든다. 투자하지 않음으로써 잃는 것도 있다는 사실을 우리는 종종 간과한다.

한때 나는 '돈 이야기'는 점잖은 화제가 아니라고 생각했다. 그러나 지금은 다르다. 돈은 삶의 뒷받침이자, 가능성의 원천이다. 사람들은 흔히 "돈보다 중요한 것도 있다"고 말한다. 맞는 말이다. 하지만 그 말에는 전제가 있다. '기본적인 경제적 조건이 충족되었을 때' 가능한 말이다. 하루 한 끼 해결조차 어려운 사람에게 고상한 철학이나 문학이 위로가 될 수 있을까? 최소한의 안정된 삶이 뒷받침되어야 비로소 예술도, 신앙도, 인간관계도 빛이 난다.

경제는 곧 삶이다. 학문도 문학도 중요하지만, 결국 그것을 뒷받침해주는 것이 경제다. 경제가 무너지면 창작의 자유도 사라지고, 신념도 흔들릴 수 있다. 돈은 목적이 아니고 수단이지만, 그 수단이 튼튼해야 인생이라는 수레도 앞으로 나아갈 수 있다. 와타나베 가오루는 『돈을 끌어당기는 39가지 법칙』에서 이렇게 말했다. "당신이 돈을 사랑하지 않는데, 돈이 당신을 사랑할 리는 없다." 돈에 대해 부정적인 인식을 가진 채 살기보다는, 그것을 내 삶의 도구로 긍정적으로 바라보는 태도가 필요하다.

돈은 무조건적인 욕망의 대상이 아니라, 내가 지키고 싶은 사람들과 꿈을 실현하기 위한 수단이다. 돈을 사랑해도 된다. 아니, 바르게 사랑할 줄 알아야 한다. 그 사랑은 결코 천박한 것이 아니다. 진심 어린 애정과 책임감이 담긴 사랑은, 돈도 사람처럼 우리 곁에 머물게 만든다. 그런 돈이라면 기꺼이 손을 내밀어도 좋지 않겠는가.

대못

군에서 장기복무를 지원한 이유가 몇 가지 있지만 그중 하나는 20년 이상 근무하여 연금수혜자가 될 때까지는 어떠한 일이 있어도 중간에 도중 하차하지 않아야겠다는 결심이 무너질까 봐서였다. 내가 임관할 때 마침 ROTC 장교를 대상으로 장기복무 지원자를 최대한 획득하라는 정부 방침이 있었다. 본인이 일단 장기복무 지원 결정만 하면 여러 가지 혜택을 주는 대신에 10년까지는 제대할 수 없는 조건이었다. 나는 정년까지 각오했기 때문에 장기복무 지원서에 서명했다. 중간에 내 마음이 변할까 봐 장기복무라는 안전장치를 함으로써 나 자신을 강제적으로 묶어놓았다.

예상한 대로 임관 이후 3년 되는 해에 제대해야겠다는 마음이 생겼다. 월남전에 참전하여 전투 근무를 마치고 귀국했을 때다. 전쟁터에서 죽을 고생을 하고 왔으니 편안한 보직을 받아 근무하고 싶었지만 내 희망과는 달리 전방지역으로 발령이 났다. 부상을 입고 야전병원에서 입원했다가 귀국하여 건강상태도 안 좋아 사기가 저하된 상태였다. 그러한 상황에서 다시 전방 근무를 하려 하니 낙심이 되어 근무할 의욕이 상실되었다. 결국 군을 떠나야겠다는 결심을 하기에 이르렀다. 그러나 이미 장기복무를 지원했기에 아무리 노력해도 제대를 할 수가 없었다. 이때 장기복무라는 장치가 없었더라면 더 견디지 못하고 전역했을 것이다.

할 수 없이 군 명령에 따라 발령지로 가서 근무하게 되었다. 전방에 가서 처음엔 힘들었으나 차차 환경에 적응하게 되었고 의욕을 회복했다. 전방에서 근무한 지 얼마 안 되어 운 좋게 미 육군공병학교에 가는 시험에 합격하여 미국으로 떠나는 행운이 따랐다. 미국 생활은 월남 전쟁터와는 전혀 다른 호화로운 세계였다. 워싱턴 부근 훠트벨바에 있는 육군공병학교에 다니면서 월남에 있었을 때 펜팔로 사귄 '헤디'를 극적으로 만나는 추억도 만들 수 있었다. 위기는 기회라는 말도 있듯이 고통의 산을 넘으면 넓고 풍요로운 평야가 나오는 법이다.

미 공병교육 과정을 마치고 귀국하여 김해 육군공병학교 교관으로 근무하면서 상황은 또 달라졌다. 서울에 가정을 두고 있어 경상남도 김해까지 오가며 매주 주말 부부로 산다는 게 보통 어려운 게 아니었다. 지금처럼 KTX 고속철도가 있지도 않은 그때는 무려 7시간을 타고 가야만 김해에 도착할 수 있었다. 매주 토요일이면 오전 근무가 끝나기 바쁘게 뛰어나와 부산역에서 기차를 타고 서울 집에 도착하는 시간이 밤 10시. 하룻밤 자고 그다음 날 낮차를 타야 하겠지만 신혼생활의 꿀 같은 그 시간에 한 시간이라도 더 머무르고 싶어 야간열차를 탄다. 한겨울 늦은 밤에 매섭게 부는 찬바람을 맞으며 집을 나서는 심정은 비참했다. 하루 이틀도 아니고 매주 이런 생활을 하기가 지겹고 왜 군에 들어왔던가 하는 후회가 밀려왔다. 의무기간 10년은 넘었기에 제대가 가능했다. 또다시 제대해야겠다는 두 번째 위기가 찾아왔다.

그때 마침 중학교 영어교사로 있는 동기생이 그럴듯한 제안을 했다. 대학원에 들어가 영어교육 석사 학위를 취득하면 중등교사 자격증이 나온다. 당시에는 과외수업이 한창이어서 영어교사만 되면 수입도 괜찮다고 권했다. 그때는 서울 용산에 있는 미 8군 본부에서 연락장교로 근무했기에 곧바로 Y대학원 영어 교육과 시험에 응시하여 들어갔다. 그러나 한 학기가 끝나갈 즈음에 동기생이 소령 진급 소식이 들렸다. 나는 전방 중대장의 필수직을 이수하지 않았다는 이유로 탈락되었다. 이러다가 자칫 군에서 진급도 못 하고 대학원을 나온다고 해도 영어교사 취업이 된다는 보장도 없으니 자칫 낭패를 보겠다는 불안한 생각이 엄습했다.

바로 마음을 바꿔 전방으로 갔다. 2군단 춘천 지역에서 공병 중대장 보직을 받아 근무한 후 소령으로 진급이 되었다. 이어서 군단 작전처, 육군대학, 대대장, 육군본부, 국방부를 거쳐 승승장구하는가 했더니 대령 진급에서 탈락하고 말았다. 결국 25년간의 군 생활을 마무리하고 계급정년으로 퇴역했다. 그러나 처음 목표했던 20년은 훌쩍 넘겼으니 일차적 목표는 달성했으며 이는 그동안 몇 번의 위기가 있었으나 처음부터 장기복무라는 대못을 박아놓았기 때문에 그때마다 버틸 수가 있었다.

군에서 퇴역한 후 전쟁기념관에 재취업이 되었다. 그곳에서 11년까지 근무할 수 있었으나 10년을 마친 후 마지막 정년 1년을 앞두고 또 사퇴해야겠다는 생각이 들었다. 기념관 건설이 완성되고 업무가 안정되자 편안함을 누리고 싶은 안이한 마음이 스며들자 일이 손에 잘 잡히지를 않은 데다가 신임 사무총장이 부임해 와 과도한 일거리들을 만들어내어 힘들게 했다. 창설 초기에는 이보다 더 어려운 일도 해냈으나 끝나가는 지점에서 더 이상 일하고 싶은 의욕이 생기지 않았다. 고심 끝에 정년 1년을 앞두고 사표를 내고 나와버렸다.

생각해보면 군에서는 목표로 정한 20년을 초과하여 25년간의 근무를 마침으로써 그 목적 달성에 성공하였으나 그다음 제2 직장에서는 마지막 정년 1년을 못 채우고 사표를 내고 말았으니 실패작이었다. 첫 번째 직업에서는 장기복무라는 대못을 쳐놓았기 때문에 성공했고 두 번째 직업에서는 그러한 장치가 없어서 무너지고 말지 않았는가. 인간의 마음은 나약해서 어떠한 목적을 달성하기 위해서는 인위적인 강력한 안전장치가 없으면 실패할 확률이 높다는 것을 여기서도 알 수 있다.

수필을 시작한 지 20년째가 된다. 그러나 가끔 그만두고 싶은 마음이 슬슬 스며들어온다. 이제 나는 또 하나의 대못을 치기로 했다. 그것은 다름 아닌 '신념의 마력'이라는 책이다. 나는 오늘도 그 못을 글 속에 박으며 다시는 흔들리지 않겠다는 마음을 굳히고 있다. 글을 쓰다가 지치고 포기하고 싶을 때는 이 책을 펼치고 빨간 줄을 쳐놓은 부분을 읽다 보면 새로운 힘이 샘솟는다.

마로니에 거리를 걸으며

말을 잘하고 싶었다. 내가 스피치세미나 학원을 찾은 이유는 바로 그 하나였다. 초등학교 시절부터 나는 수줍음이 많았다. 여러 사람 앞에만 나가면 얼굴이 새빨개졌고, 심지어 길을 걷다가 사촌누나를 우연히 만나도 얼굴이 달아올랐다. 나중에 누나는 "너, 또 얼굴 빨개졌지?" 하며 장난스럽게 놀리곤 했다.

군 생활을 하면서도 상황은 나아지지 않았다. 상급자 앞에만 서면 가슴이 쿵쾅거리고, 말이 자꾸 더듬거렸다. 교육 시간에 질문하고 싶어도 용기가 나지 않아 손을 들지 못하고 말았다. '남들처럼 자연스럽게 말을 잘할 수는 없을까' 하는 고민만 하다가, 어느덧 군에서 정년을 맞고 퇴직하게 되었다. 퇴직 후 전쟁기념관에 제2의 직장을 얻어 근무한 지 5년쯤 되었을 무렵이었다. 어느 오후, 책상 위에 놓여 있는 경제신문 한 장을 우연히 펼쳐보다가 한 광고가 눈에 들어왔다.

"명스피커가 되고 싶다면 안국동 스피치 아카데미로 오십시오." 짧은 문장이었지만 내 마음을 흔들기에 충분했다. 다음 날, 나는 곧장 그곳을 찾았다.

처음 들어간 강의실에는 20여 명의 수강생들이 앉아 있었다. 강사의 첫 인사말이 마음에 깊이 박혔다. "자기 계발에 투자하는 사람은 세상에 3%뿐입니다. 여러분은 엘리트 중의 엘리트입니다." 그 말은 내게 큰 감동이었고, 내 인생의 새로운 출발점이 되어주었다. 첫 수업에서 순서에 따라 앞에 나가 인사를 하게 되었다. 무슨 말을 했는지조차 기억나지 않지만, 긴장된 채 인사를 마치고 내려오자 한 수강생이 나를 반갑게 맞았다. "고 선생님, 반갑습니다. 저랑 동갑이네요." 그의 첫마디는 이후 20여 년을 함께할 소중한 인연의 시작이었다.

그는 은행에서 차장으로 퇴직한 뒤 2년 전부터 이곳에 다니고 있었다. 술을 많이 마셔 위를 상하게 했고, 병을 고치고자 이곳을 찾았다고 했다. 목적은 달랐지만 우리는 같은 길을 걷는 동반자가 되었다. 스피치 세미나는 2주간의 화술 이론 교육 후, 매주 목요일마다 3분짜리 발표 원고를 작성해 나와 발표하는 방식이었다. 원고는 완전히 암송해야 했지만, 대부분 발표 도중 내용을 보려고 슬쩍 종이를 들여다보곤 했다. 그럴 때면 강사님은 교탁 위에 있는 종이를 재빨리 낚아챘다.

집에 돌아오면 일주일 내내 3분짜리 원고 작성에 매달렸다. A4용지 한 장 분량을 채우는 일이 그리 만만한 게 아니었다. 무엇에 대해 쓸 것인가, 주제를 정하는 것부터 막막했다. 인터넷을 뒤져보기도 했지만, 정답이 있는 것도 아니었고 쉽게 길을 찾을 수 없었다. 지금처럼 수필을 배우고 있었더라면 훨씬 수월했을 것이다. 그땐 글쓰기에 대한 가르침은 없었고 오직 말하는 방법에만 집중했기에, 원고 작성은 매번 힘겨운 도전이었다.

목요일 저녁 7시가 되면 스피치 세미나는 시작된다. 우리는 늘 함께 동행했다. 그의 집은 구의동, 나는 신당동. 중간지점인 동대문역사문화공원역에서 만나 전철을 타고 혜화역에서 내린다. 혜화역에서 나와 마로니에 공원을 지나 아카데미까지는 도보로 20분쯤 걸린다. 그 시간은 짧지만, 친구와 나누는 대화는 인생의 작은 축제처럼 달콤했다. 오늘 발표할 원고를 서로 검토해주기도 하고, 개인적인 이야기들도 자연스럽게 털어놓았다. 부부 간의 애로사항, 아들과 딸 이야기, 사소한 고민들까지도 솔직하게 나누었다. 인생 말년에 이런 친구를 만났다는 것은 내게는 큰 행운이었다.

마로니에 가로수길은 어느 계절에나 아름다웠다. 두꺼운 잎사귀로 시원한 그늘을 만들어주는 이 나무는 유럽에서는 '로맨틱한 나무'로 불리며, 세계 4대 가로수 중 하나로 꼽힌다. 프랑스어로 부드럽고 감성적인 이름을 지닌 마로니에. 우리나라 대학로 마로니에 공원은 일제강점기 경성제국대학 일본인 교수가 칠엽수를 옮겨 심은 것이 시

초라고 한다. 그와 함께 그 거리를 걷는 일은 내게 동심으로 돌아가는 시간이었다. 시름은 사라지고, 가슴은 가볍고, 발걸음은 마냥 행복했다. 그런데 지금, 그토록 소중했던 친구가 내 곁에 없다. "우리 100세까지 함께하자."고 굳게 약속했건만, 그는 어느새 세상을 떠나고 벌써 3년이 지났다.

세월은 참 무정하다. 혜화역에서 내려 서울대학 병원으로 가는 길에 다시 마로니에 거리를 마주하게 되면, 나는 문득 멈춰선다. 그 나무 아래에서 그와 나누었던 대화들이 하나둘 떠오르고, 그립고 그리운 얼굴이 내 앞에 아른거린다. 나무마다 가지마다 그와의 추억이 피어 있어 내 마음을 적신다. 그립다. 선구 씨가 그립다. 그 이름만 불러도 눈시울이 뜨거워진다. 어느 날, 그를 생각하며 인터넷을 켜니 마치 내 마음을 아는 듯 한 노래가 흘러나왔다. 그 노래는 내 심정을 그대로 대변하고 있었다.

〈지금도 마로니에는 피고 있겠지〉

(신명순 작사, 김희갑 작곡)

지금도 마로니에는 피고 있겠지
바람이 불고 낙엽이 지듯이
덧없이 사라진 다정한 그 목소리
아, 청춘도 사랑도 다 마셔버렸네
그 길에 마로니에 잎이 지던 날….

친구와 함께 걷던 대학로, 그 길에는 여전히 마로니에가 서 있다. 추억은 바래지 않고 기억의 숲을 지키고 있다. 나무는 단지 숲속에만 있는 것이 아니다. 그는 지금도 내 기억의 숲 한가운데 서 있다. 잎사귀 하나하나, 꽃송이 하나하나에 그의 웃음과 말투, 따뜻했던 눈빛이 담겨 있다. 그곳을 지나면, 나는 다시 그를 만난다. 그리고 또다시 혼잣말을 건넨다. "선구 씨, 나 잘하고 있지요?"

영혼의 징검다리

 오월은 흔히 '계절의 여왕'이라 불린다. 사방이 연초록으로 물들고 햇살은 포근하고 부드럽다. 그 속을 걷기만 해도 마음이 맑아지는 듯하다. 이런 계절에 우리 수생반 회원들이 강의실을 벗어나 야외 수업을 겸한 나들이를 떠났다. 목적지는 양평의 두물머리와 세미원. 이름만 들어도 가슴이 탁 트이는 풍경이 눈앞에 그려지는 곳이다.

 우리는 용산역에서 만나 전철을 타고 양수역까지 가기로 했다. 오랜만에 찾은 용산역은 몰라볼 정도로 바뀌어 있었다. 시골에서 처음 상경해 대입 시험을 보러 왔을 때, 그때의 용산역은 허허벌판이나 다름없었다. 몇 군데 구멍가게가 전부였고, 광장은 썰렁했다. 하지만 지금은 화려한 간판과 현대적인 건물들이 즐비하다. 커피향이 퍼지는 고급 카페와 정갈한 음식점이 곳곳에서 손짓하고, 빠르게 움직이는 인파는 출구와 입구조차 헷갈리게 만들었다. 정치권에서는 서로를 향해 비난을 쏟아내며 나라가 금세 무너질 것처럼 떠들지만, 눈부시게 발전한 이 풍경을 보면 대한민국의 저력이 대단하다는 생각이 든다.

 양수역에 도착하자마자 우리는 곧장 세미원으로 향했다. 국내 최고의 연꽃정원이라는 이곳은 늘 한 번쯤은 가보고 싶었던 곳이었다. 입구에 들어서자마자 짙은 녹음이 반겨주었고, 정갈하게 정돈된 화단과 잔잔한 물소리는 마치 다른 세상에 들어선 듯한 느낌을 주었다. 우리 일행은 신이 나서 장독대 분수대를 향해 걸어갔다. 그런데 그 아름다운 순간에 나는 마음이 무거워졌다. 시작부터 징검다리가 길을 막고 있었기 때문이다. 관광객들의 발길을 즐겁게 하려 만든 징검다리는 내게는 갑작스러운 시련이었다. 돌 위를 조심스럽게 걷는 사이, 양옆으로 흐르는 물이 시야를 어지럽히기 시작했다.

 중심을 잡기 어려워 어지럼증이 밀려왔고, 걷는 것이 불안해졌다. 언제나 앞장서 걷던 내가, 이날만큼은 맨 꼴찌가 되어 겨우 뒤따라가기 바빴다. 오른쪽 다리 근육이 예전 같지 않아 치료 중이었고, 그래서 이번 야유회도 처음에는 사양했었다. 하지만 단체 일정인데 빠질 수 없다는 마음에 용기를 냈던 것이다. 설마 이렇게 짧은 코스에서 겁을 먹게 될 줄은 몰랐다. 한 걸음씩 내딛으며 삼 분의 일쯤 왔을 때, 옆길로 빠져나가려고 했지만 거리도 멀고 발 디딜 곳도 마땅치 않았다. '혹시 미끄러져 발을 헛디디면 어떡하지?', '고관절이라도 다치면 입원해야 하지 않을까?' 이런 걱정이 머리를 스쳤다. 젊은 시절이었다면 아무렇지 않게 뛰어넘을 거리였겠지만, 지금의 나는 그럴 수 없다. 결국 돌다리 틈 사이로 겨우 빠져나와 옆길에 있는 넓은 산책로로 몸을 옮겼다. 그제야 마음이 조금 놓였다.

그 길은 잘 정돈되어 있고 걷기에 딱 좋은 코스였다. 진행자가 미리 이런 길도 있다는 걸 설명해 주었더라면 얼마나 좋았을까. 나처럼 몸이 불편한 사람에게는 징검다리가 오히려 장애물이 될 수 있다는 걸 왜 미처 생각하지 못했을까 싶었다. 앞서간 일행들은 벌써 사진을 찍으며 즐거운 시간을 보내고 있었다. 내가 조심스럽게 다가가 '징검다리에서 중심 잡기가 너무 힘들었다'고 말했지만, 대부분 흘려듣는 눈치였다. '멀쩡해 보이는데 무슨 소리야' 하는 표정들이었다. 아름다운 풍경 속에서 모두가 들떠 있었고, 나의 두려움은 누구의 관심도 받지 못했다.

노인의 가장 흔한 사고가 넘어지는 것이라 한다. 실족은 무심코 찾아오며, 그 결과는 매우 치명적일 수 있다. 젊은 시절엔 미끄러져도 잠깐의 당황으로 끝나지만, 지금은 아니다. 작은 헛디딤에도 뼈가 금이 가거나 부러질 수 있고, 회복에는 수개월이 걸린다. 실제로 내 아파트 아래층에 사는 사모님도 카펫 모서리에 걸려 손목이 부러졌다고 한다. 일상 공간조차 안전하지 않다는 사실이 놀랍다. 사고는 늘 위험한 곳이 아니라, 가장 익숙한 곳에서 찾아온다.

성경에도 '실족하지 말라'는 말이 반복된다. "만일 네 오른눈이 너로 실족하게 하거든 빼어버리라"는 말씀처럼, 실족은 단지 육체의 위험만을 의미하지 않는다. 인간은 육체와 정신, 영혼으로 이루어져 있다. 육체는 다쳐도 회복되지만, 영혼이 무너지면 그것은 회복이 어려운 길로 이어진다. 징검다리를 건너던 그 순간, 나는 그 아래 흐르는 물이 마치 유혹처럼 느껴졌다. 탐욕, 시기, 거짓, 욕망… 인생길을 흐르는 유혹의 물결은 언제나 조용히 우리를 실족하게 만든다.

우리가 살아가는 인생의 정원에도 양심의 돌다리가 있다. 그 돌다리 위를 조심히 짚고 건너야 한다. 잘못 디디면 영혼이 실족할 수도 있다. 아무리 주변이 아름다워도, 순간의 방심은 큰 대가를 부를 수 있다. 이 돌다리를 지날 때, 육체는 손잡이를 잡듯, 영혼도 믿음이라는 손잡이를 꼭 붙잡아야 한다.

이번 일을 통해 나는 두 가지를 새삼 깨달았다. 하나는, 나이가 들수록 '조심'은 선택이 아니라 생존의 방식이라는 것. 또 하나는, 인생의 징검다리를 건널 때 우리에게 필요한 것은 단순한 용기가 아니라, 깨어 있는 마음이라는 것이다. 이제부터는 계단을 오르내릴 때마다 손잡이를 꼭 잡고, 눈앞에 펼쳐진 삶의 징검다리 앞에서도 믿음의 손잡이를 꼭 붙잡고 걸어가리라 다짐한다.

현대판 화수분

"당신, 세상에서 가장 갖고 싶은 게 뭐예요?" 결혼 초 아내가 내게 던진 질문이다. 나는 한참을 망설이다가 "글쎄, 건강한 몸?"이라고 대답했다. 그러자 아내는 웃으며 말했다. "나는 화수분이요." 순간 '화수분'이라는 말이 참 생소하게 들렸다. 현실에는 존재하지 않는 상상 속의 단지, 옛 이야기 속에나 등장하는 보물단지, 하지만 그녀는 진심이었다. 생활에 필요한 것들을 언제든 꺼내 쓸 수 있는 단지 하나만 있으면 좋겠다고 했다. 그때는 허무맹랑하게 들렸지만, 지금 와서 곱씹어보면 그 말이 얼마나 앞서간 통찰이었는지 실감하게 된다.

친구 L은 내가 필요할 때면 어디든 함께 가주던, 마음씨 고운 사람이었다. 몇 해 전, 면도기 하나를 사기 위해 신세계 백화점에 간 일이 있다. 수많은 제품들 앞에서 나는 망설이고 있었지만, 그는 단박에 스위스제 하나를 추천하며 고르라고 했다. 믿고 사니 품질도 좋았다. 물건을 함께 사러 가자고 하면 언제든지, 어떤 것이든 함께 골라주었고 나는 덕분에 어려움 없이 필요한 것을 마련할 수 있었다. 그런 친구가 세상을 떠났을 때, 나는 한동안 허전함을 감출 수 없었다.

그러나 세월이 지나, 나는 또 다른 친구를 만나게 되었다. 손 안의 스마트폰, 특히 '쿠팡' 앱이 바로 그 친구다. 바디로션 하나를 사기 위해 약수동 지하상가를 찾았으나 마땅한 물건이 없어 허탕을 치고 집에 돌아왔던 날, 나는 무심코 휴대폰을 열어 쿠팡을 검색했다. 클릭 몇 번으로 원하는 제품을 주문했고, 다음 날 새벽 문 앞에 로션이 도착해 있었다. 너무나 간편하고, 믿기 어려운 경험이었다.

그 후로 나는 점점 더 이 '현대판 화수분'에 의지하게 되었다. 글을 쓰다 A4용지가 떨어져도, 무거운 다섯 권을 주문하면 다음 날 아침이면 문 앞에 도착해 있다. 김치, 계란, 커피, 책상, 침대까지. 클릭 한 번이면 손에 닿는다. 대한민국의 온라인 쇼핑 시스템은 이미 세계 최고 수준이다. 초고속 인터넷망과 24시간 배송 체계, 모바일 기기의 보급은 우리의 생활방식을 송두리째 바꿔놓았다. 이런 세상에서 살고 있다는 사실이, 가끔은 믿기지 않을 정도다.

예전 아내가 말하던 화수분이, 이제는 현실이 되어 손 안에 들어와 있는 셈이다. 그러나 여기서 끝이 아니다. 쿠팡이 해결해주는 것은 주로 인간의 일차적인 욕구, 즉 의식주와 생존에 필요한 것들이다.

하지만 현대인에게는 그 이상의 욕구가 있다. 매슬로우는 인간의 욕구를 다섯 단계로 구분했다. 생리적 욕구를 넘어, 안전, 소속감, 존경, 그리고 자아실현의 욕구가 존재한다. 우리는 더 이상 먹고 사는 문제만으로는 만족하지 못하는 시대에 살고 있다.

이제 사람들은 창조하고, 표현하며, 의미를 찾고자 한다. 정보에 대한 갈망, 지식에 대한 추구, 예술적 창작에 대한 욕구가 점점 더 커지고 있다. 그러한 욕구까지 만족시켜주는 또 하나의 화수분, 바로 인공지능(AI)이 등장했다. AI는 단순히 정보를 제공하는 수준을 넘어, 이제는 창작의 파트너가 되고 있다. 텍스트, 이미지, 음악 등 다양한 영역에서 인간의 상상력을 자극하고, 실현 가능한 형태로 구현해준다.

지난주 글을 쓰다 '이승만 대통령의 반공포로석방이 왜 한미동맹을 끌어내는 계기가 되었는가?'라는 궁금증이 생겼다. 인터넷을 검색해보았지만 만족스러운 답은 나오지 않았고, 아는 이에게 물어봐도 시원치 않았다. 관련 서적을 뒤적였으나 명확한 해답은 없었다. 난감한 찰나, 문득 떠오른 것이 AI 챗봇이었다. ChatGPT에게 질문하니 불과 1초도 채 되지 않아 배경, 원인, 결과까지 체계적으로 설명해주었다. 그 순간, 나는 또 하나의 현대판 화수분을 만났다는 확신이 들었다.

나이가 들어감에 따라 여기저기 아픈 곳이 많아졌다. 병원에 갈지 말지 망설일 때, 어떤 약을 먹어야 할지 모를 때마다 무력감이 밀려온다. 병명도 모른 채 증상만으로 고민할 때, 만약 AI가 증상을 듣고 정확한 의학적 처방을 내려줄 수 있다면 얼마나 좋을까. 지금은 불가능해 보이지만, 머지않아 그런 시대가 도래할지도 모른다. 신문과 방송에서는 이미 AI 주치의, AI 간병인이 현실화되고 있다고 전하고 있다.

인간의 욕망은 끝이 없다. 물질적 충족에서 시작된 욕망은 이제 정신적, 존재론적 만족으로 나아가고 있다. 옛날에는 쌀과 금, 재화를 꺼내주는 화수분이 최고의 꿈이었다면, 지금의 화수분은 우리 삶의 지혜, 지식, 창조의 동반자가 되어가고 있다. 기술은 단순한 편리를 넘어서 인간 존재를 탐구하고 완성하는 방향으로 발전하고 있다.

언젠가 아내에게 말했다. "이제 우리에게 화수분이 생겼소." 아내는 고개를 갸웃하며 웃었다. "그게 뭐예요?" 나는 손에 들린 스마트폰과 모니터 속 인공지능을 번갈아 가리켰다. "이 작은 기계와 저 안의 존재가 바로 그거요." 그날 밤, 아내는 다시 조용히 말했다. "그런데 그 화수분엔… 사랑도 꺼내 쓸 수 있을까요?" 나는 한참을 생각하다가 말했다. "그건… 우리가 서로 꺼내줘야 할 몫이겠지요."

현대판 화수분은 이제 더 이상 단지 안의 재화만을 말하지 않는다. 그것은 인간의 손 안에 쥐어진 기술과 상상력, 그리고 함께 살아가는 지혜까지 포함하는 새로운 삶의 상징이 되었다.

거울 하나 거울 둘

　　나는 손거울을 가지고 다닌다. 거실에 전신 거울도 있고 화장실에도 세면 거울이 있지만 그것들은 집에서만 사용할 수 있지 않은가. 우리가 거울을 보는 것은 외모를 확인하고 고쳐가기 위함이다. 얼굴에 뾰루지가 났다거나 면도할 때 잘못했다거나 가끔 식사 후 입 언저리에 밥풀이 묻어 있을 때도 그렇다. 그것을 위해서는 집 안에서만이 아니라 밖에서도 필요하기 때문이다.

　　그러나 손거울은 여성들의 전유물처럼 되어 있어 남자들이 가지고 다니면 이상한 눈초리로 쳐다본다. 그래서 가지고 다닐 때도 몰래 살짝 보곤 한다. 그러한 손거울을 한동안 잊고 있다가 엊그제 운동하러 나가면서 서랍을 뒤져 꺼내 봤더니 먼지가 끼어 있고 거울 가장자리가 벗겨져 못 쓰게 되었다. 새로 하나 사려고 하니 어디서 구입해야 할지 막연했다. 예전엔 이런 것은 문방구점이나 구멍가게에서 팔았었다. 여성들이 가지고 다니는 화장용이 아니므로 모양도 필요 없이 간단한 것이 필요한데 문방구점에도 없고 마트에도 없다. 그것 하나 사러 백화점에 갈 수도 없지 않은가. 곰곰이 생각하다가 쿠팡을 열어 손거울을 입력했더니 여러 종류가 나왔다. 거기서 하나를 골라 샀다. 원형으로 간단하게 생긴 것 두 개를 사서 하나를 호주머니에 넣고 다니니 아주 편리했다.

최근에 뉴스를 보면 정치하는 사람들 소위 지도자라고 자처하는 국회의원들의 언행을 보면 가관이다. 당연히 이 나라는 법치국가이며 헌법이 존재하는데도 법을 잘 아는 자들이 법을 무시하고 있다. 거짓말을 밥 먹듯이 한다. 뇌물을 준 자와 받은 자의 증인이 나왔는데도 아니라고 잡아뗀다. 일반 백성 같으면 당장 구속감인데도 그들은 특권층이라 예외다. 그들의 행태를 보노라면 존경심은커녕 분노가 치민다. 법을 잘 지키게 해달라고 뽑은 국민의 대표자들이 모범을 보이지 않고 오히려 더 많은 범법행위를 자행하고 있다.

여기에는 보통사람들이 존경해 마지않는 판검사들도 예외가 아니다. 이현령비현령이란 말이 있다. 귀에 걸면 귀걸이 코에 걸면 코걸이라는 뜻으로 판사들의 엉터리 판결을 비판적으로 하는 단어이다. 그러니 요즈음은 이러한 속속 판결이 버젓이 일어나고 있다. 지금 우리나라는 6.25 한국전쟁 이후 가장 위험하다고 할 만큼 위기에 직면해 있다고 해도 과언이 아니다. 이러한 파국에 현직 대통령을 체포 구속한 사태가 발생했다. 나는 법을 잘 알지 못하지만 '무죄 추정의 원칙'이란 말은 많이 들어 알고 있다. 어떠한 범죄라도 재판으로 확정되기 전까지는 불구속 재판을 원칙으로 한다는 말이 아닌가, 피고인의 방어권을 보장하기 위한 인간의 기본권이기 때문이다.

왜 이런 일이 벌어지는가. 이 나라의 지도자급에 해당하는 그들에게 양심의 기능이 마비되었기 때문이다. 양심의 눈이 어두워 남의 눈의 티는 보고 자기 눈의 대들보는 못 보는 우를 범하고 있다. 자기 눈에 대들보만 한 흙덩이가 묻어 있는데도 보이지가 않는다. 거울도 오랫동안 버려두면 떼가 찌들어 잘 보이지가 않듯이 양심의 거울도 매일 닦아 깨끗이 유지하지 않으면 제 기능을 발휘하지 못한다.

인도의 간디는 정직을 부르짖었고 도산 안창호는 거짓말을 버려야 한다고 역설하였다. 미국 LA 부근 리버사이드에 가면 시청 공원 한가운데 도산의 동상이 있고 그 뒤에 간디의 동상이 있다고 한다. 미국 백인 사회에서 왜 한국과 인도 사람의 동상을 세웠을까. 두 지도자는 평생에 '진실이 남고 거짓은 사라진다.'라는 진리를 믿고 살았기 때문이리라. 우리나라 지도자들이 이와 같은 진리를 따랐으면 좋겠는데 오늘날 정치 현실을 보면 아쉽기 그지없다. 거짓말을 밥 먹듯이 하는 정치인들이 득세하고 있는데도 백성들은 무감각하다.

교회에서는 주일 예배 절차에 참회의 기도 순서가 있다. 지난 일주일 동안 하나님의 뜻대로 살고자 했으나 자신의 이익과 이생의 안목에 사로잡혀 살았던 잘못과 은밀하게 지은 죄를 침묵으로 고백하는 시간이다. 양심의 거울에 비추어 남몰래 저질렀던 검은 마음을 확인하고 회개하는 순서이다. 그 시간에 나도 회개하는 순간을 갖는다. 포켓용 손거울이 아니라 마음속에 있는 양심의 손거울을 꺼내서 비춰보면 여기저기에 시커먼 먼지들이 쌓여 있다. 화를 내지 말았어야 할 순간에 참지 못하고 분노를 터뜨렸던 검은 점들이 보인다. 겉으로는 얌전하고 정직한 척했지만 속은 그렇지도 않은 위선적인 검은 점들을 확인하는 시간이다. 그 외에도 여러 가지 밝히지 못할 죄를 침묵으로 회개하는 그 시간은 엄숙하다.

  포켓용 손거울로 외모를 확인하는 것처럼 매일 같이 양심의 손거울로 자신의 내면을 들여다봐야 하지 않을까. 얼굴에 묻은 티만 볼 것이 아니라 내면의 티도 살펴봐야 하리라. 남을 비난하거나 상처 주는 말은 하지 않았는가 하는 것들을 양심의 손거울에 비추어보면 안 될까. 거짓말을 했을 때는 양심의 거울에 검은색의 티로 나타나기 마련이다.

  내 핸드폰에는 신구약 성경 66권이 저장되어 있다. 한글과 영어로 기록된 그 엄청난 분량의 성경 전체가 손아귀에 들어갈 만한 스마트폰 기기 안에 내장되어 있으니 놀라울 정도다. 클릭 한 번으로 성경 전문을 원하는 대로 찾아볼 수 있다. 거기에는 양심의 기준이 되는 십계명을 비롯하여 선과 악을 구분할 수 있는 모든 지침이 다 들어있다. 포켓용 손거울은 외모의 흠을 확인하지만 양심의 손거울은 인간의 내면에 쌓인 검은 점을 찾아낸다.

그래서 나는 또 하나의 손거울을 추가하여 가지고 다닌다. 하나는 외모를 단정하기 위한 포켓용 손거울이며 또 하나는 핸드폰에 내장된 양심의 손거울이다.

청소는 과학이다

직업이 군인이라 신혼 초부터 우리는 떨어져 살아야 했다. 아내는 서울에서 학교에 출근해야 하고, 나는 육군 공병학교에 발령이 나 김해에서 하숙했다. 주말부부가 되어 토요일엔 서울로 올라왔다가 일요일 밤엔 다시 김해로 내려가는 생활이었다. 그때는 지금처럼 KTX가 없어 서울에서 부산까지 6시간이나 걸렸고, 다시 버스를 타고 김해로 가야 했다.

오랜만에 서울에 올라와 아내와 마주하는 그 순간은 얼마나 달콤했겠는가. 그런네 나는 그런 기분도 잊은 채 집에 들어서자마자 투정을 부렸다. "빙이 왜 이 모양이야?" 내무반처럼 깔끔길 기대했지만 그렇지 않았던 것이다. 아내는 시큰둥한 표정으로 말했다. "청소하는 사람이 따로 있나요?" 뜻밖의 반응에 나는 곧바로 항복했다. 그때부터 청소는 내 몫이 되었다. 아내는 학교에 다니고, 아이를 돌보고, 밥

하고, 빨래하고 할 일이 많았다. 나는 남편이라는 이유만으로 지시만 해서는 안 되었다.

그 후로 청소 이야기는 입에 올리지 않았다. 그렇다고 아내가 나에게 청소를 시키지도 않았다. 집 안이 조금 어수선해도 아내는 크게 개의치 않았지만 나는 달랐다. 물건은 제자리에 있어야 하고, 거실과 방은 말끔히 정리돼 있어야 마음이 놓였다. 하지만 신혼살림은 방 두 칸에 거실 하나였고, 한옥이라 넓지도 않아 그럭저럭 넘어갈 수 있었다. 그러나 지금은 다르다. 아파트로 옮기면서 청소 범위 자체가 달라졌다. 안방, 건넌방, 거실, 화장실, 베란다까지 청소하려면 적잖은 시간과 노동이 필요하다. 특히 화장실 하나만 제대로 닦아도 한참 걸린다.

예전에는 방바닥만 빗자루로 쓸고 걸레로 닦으면 끝이었지만, 요즘은 진공청소기를 돌리고도 대걸레로 다시 닦아야 먼지가 제거된다. 매일 청소만 하며 살 수는 없지 않은가. 그동안 대충 해오던 청소도 척추 수술 이후엔 더 이상 할 수 없어 청소 도우미 아주머니의 도움을 받게 되었다. 그런데 청소 방식은 나와 전혀 달랐다. 나는 베란다부터 해주길 바랐지만 그분은 가장 마지막에 했다. 화장실도 나로선 가장 신경 쓰이는 곳이었지만 그것도 마지막 순서였다. 대신 주방에서 많은 시간을 보냈다. 우리 눈에 보이지 않는 구석구석이 못마땅했기 때문일 것이다. 그분이 다녀간 뒤에는 주방이 어딘지 모르게 환해졌다.

그분은 먼저 진공청소기로 먼지를 제거하고, 다시 대걸레로 닦는다. 그런데 같은 도구로도 그분이 닦은 바닥은 내 것보다 훨씬 반질반질하고 윤이 났다. 이상하지 않은가. 그래서 물었다. "청소도 기술이 있나요?" 그녀는 한마디로 답했다. "청소는 과학입니다." 그 말이 내 마음에 오래 남았다. 청소도 무턱대고 하는 시대는 지났다. 시간도 절약하고 효과도 올리려면 과학적으로 분석하고 체계적으로 접근해야 한다. 예를 들어 거울도 아무 걸레로 닦으면 얼룩이 남는다. 도우미 아주머니는 전용 세제를 사용해 마치 새 거울처럼 반짝이게 만든다.

식탁 유리, 화장실 거울, TV장 위 유리까지 그분이 닦고 간 자리마다 감탄이 절로 난다. 어디에 어떤 세제를 쓰느냐에 따라 결과가 달라진다. 그 선택이 바로 '청소기술'이다. 그분의 조언대로 세제를 쿠팡에서 구입했다. 과산화수소, 베이킹소다, 탈취제, 소독제 등이다. 하지만 아직 사용법이 익숙지 않아 써보지도 못한 것이 많다. 청소도구도 다양해졌다. 진공청소기, 무선청소기, 로봇청소기까지, 이제는 AI가 스스로 알아서 청소해주는 시대다. 극세사 걸레는 미세한 먼지까지 닦아내고, 정전기 청소포는 물 없이 먼지를 흡수한다.

베이킹소다가 들어 있는 물걸레청소포는 식탁이나 책상 닦기에 그만이다. 매직스펀지는 세제 없이 물만으로도 찌든 때를 싹 제거한다. 싱크대, 가스레인지, 냉장고에 특히 효과적이다. 청소도구가 잘 갖춰져야 효율적인 청소가 가능하다. 아내는 왜 자꾸 사느냐고 하지만,

전쟁에서 승리하려면 무기가 필요하듯, 청소도 마찬가지다. 젊은 사람들은 이미 이런 도구 사용에 익숙하다. 작은딸이 예전부터 권했지만 그땐 무심히 넘겼다.

청소 후의 상쾌함은 이루 말로 다 할 수 없다. 깨끗한 공간은 긍정의 에너지를 주고, 스트레스를 줄여준다. 마치 실험이 성공했을 때처럼 뿌듯한 만족감이 든다. 청소는 단순한 노동이 아니다. 삶을 변화시키는 과학이다. 공간을 정리하는 일이자, 마음을 정돈하는 작업이다.

청소는 과학이며 철학이고, 때로는 구원이다. 청소에 대한 시선을 바꾸고, 과학적인 방법과 효율적인 도구를 활용해 더 건강하고 스마트한 삶을 만들어가야 하지 않을까.

새 창으로 본 세상

　건물도 사람과 다르지 않다. 시간이 흐르면 노화가 되어 여기저기 고장이 나기 마련이다. 사람이 나이 들면 혈액순환이 나빠지고 뼈마디가 약해져 척추와 무릎 등에 이상이 생기듯 건물도 기둥이 약해지고 보일러 순환이 원활하지 않아 방바닥이 차가워지곤 한다. 사람이 병원에서 치료를 받듯 건물도 망가진 곳이 있으면 제때 고쳐야 한다.

　아파트로 이사 온 이후에는 예전 빌라 생활과 비교해 큰 수리 걱정이 없을 줄 알았다. 대체로 아파트는 관리사무소에서 공동 문제를 해결해주니 개인이 따로 처리할 일은 많지 않다. 외벽 도색이나 소방 점검 등도 일괄적으로 이루어져 안정감이 있었다. 물론 현관문이 갑자기 안 열리거나 베란다 배수구가 막혀 물이 역류할 때처럼 당황스러운 일도 가끔 생긴다. 하지만 그럴 땐 관리사무소에 연락하면 대체로 신속하게 해결되니 예전보다 한결 수월하다. 빌라에 살 땐 이런 문제조차 전부 혼자 해결해야 했기에 늘 부담이었다. 하지만 아파트라고 해서 아무 문제가 없는 것은 아니다. 요즈음은 외부보다 내부 인테리어가 더 중요해졌다. 아무리 튼튼한 아파트라도 세월이 흐르면 내부 곳곳이 낡고 망가진다. 보일러 화장실 거실 안방 등 전체적으로 손을 보다 보면 공사비가 수천만 원에서 많게는 억대까지 들어간다. 나도 이 아파트에 이사 와서 보일러를 교체하고 화장실을 보수하고 바닥도 뜯어내며 대대적인 수리를 했다. 작년에는 싱크대와 냉장고 등 주방공사도 마쳤지만 수리할 곳은 끊임없이 생겨난다.

지난겨울 유난히 매서운 바람이 불던 날이었다. 앞 베란다 창문 한 짝이 닫히지 않았다. 힘껏 밀어도 끔쩍 않고 요란한 소리만 났다. 같은 동 아래층에 사는 13층 사장님은 손재주가 많은 분이라 도움을 요청했다. 그는 문제를 파악한 뒤 도구를 가져와 수리해주었고 창은 간신히 닫히긴 했다. 그러나 이후로도 삐걱대는 소리는 계속 났고 겨울바람이 불면 창틀이 덜커덩거리며 떨어질 것 같은 불안감에 시달렸다. 여름이 되면 방충망이 제대로 닫히지 않아 모기가 침입하는 등 창호 전반에 문제가 많았다.

그러나 창호 전체를 교체하려면 적지 않은 공사비가 들기에 쉽게 결정을 내릴 수가 없었다. 당장 급하지 않다고 생각하면 미루기 쉽고 큰돈이 드니 더욱 고민이 되었다. 아내도 경제적인 부담 때문에 선뜻 찬성하지 않았다. 그래서 내가 말했다. "우리도 이제 나이가 많이 들었는데 남은 시간 편하게 삽시다. 여름에는 시원하게 겨울엔 따뜻하게 살자고요." 뜻밖에도 아내는 이번엔 쉽게 고개를 끄덕였다.

일전에 20층에 사시는 분이 창호공사를 했다며 아내에게 조언했던 모양이다. 그분이 아내에게 언제 한 번 방문해서 공사한 것을 보러 오라고 했다는 말을 했다고 한다. 그래서 아내도 언젠가 공사를 해야 겠다는 생각을 하고 있었던 터였다. 그날 오후 우리는 20층 그 집을 방문했다. 이웃은 상세히 설명을 해주며 자신이 이용한 업체도 소개해주었다. 공사는 업체 선정이 중요하다. 믿을 만한 업체만 정하면 나머지는 일사천리로 진행된다. 소개받은 업체에 연락하여 견적을 받아보니 예상보다 비용이 많이 나왔다. 공사를 하다 보면 다른 부분도 함께 손을 보게 된다. 예전부터 불편했던 거실 창 안의 에어컨 실외기를 이번 기회에 밖으로 이동시키기로 했다. 낡은 블라인드 교체, 망가진 발코니창 설치까지 포함하니 공사비가 추가로 늘어났다. 그래도 이왕 하는 김에 제대로 하자는 생각으로 결정했고 5월 12일로 공사 날짜를 잡고 착수금을 지불했다.

공사 당일 아침 식사를 마치고 잠시 쉬고 있는데 키 큰 장정들이 7~8명 들이닥쳤다. 마치 장대처럼 우람한 체구의 이들은 말 한마디 없이 비닐을 들고 와 집 안의 가구를 덮기 시작했다. 한쪽에서는 이미 창틀을 번쩍 들이내 앞을 휙 스쳐 지나가고 있었다. 그중 한 사람이 말했다. "거기 계시면 위험합니다" 그 말에 갑자기 창틀에 부딪히면 큰일 나겠다는 생각이 들었다. 집 안은 먼지투성이고 방마다 요란한 철거 소리가 울려 퍼졌다. 아내와 나는 어쩔 수 없이 외출했다.

갈 곳이 마땅치 않아 약수동 네거리 근처 커피숍에 갔다. 오랜만에 둘만의 데이트였다.

　요즘 공사는 정말 빠르다. 각 방과 거실, 베란다 창을 전면 철거하고 새 창호를 설치하는 작업은 결코 간단한 일이 아니다. 하지만 이들은 치밀한 계획과 숙련된 인력을 가지고 놀라운 속도로 공사를 진행했다. 헌 창틀은 16층 아래 대기 중인 차량에 실려 나갔고 새 자재는 곧바로 위로 올려졌다. 전광석화 같은 움직임이었다. 오후 6시 무렵 집에 돌아왔을 때 거의 모든 작업이 끝나 있었다. 공사 인부 중 한 분이 다가와 정중히 말했다. "청소했습니다. 신발을 벗고 들어가세요" 나는 군 시절 공병장교로 수많은 공사를 지휘했지만 이렇게 뒷정리까지 완벽하게 마무리한 현장은 처음 봤다. 끝을 소홀히 한 공사에서 하자가 생기기 마련이고 인생 역시 마무리가 중요하지 않은가. 공사 전 가장 큰 걱정은 베란다의 화분들이었다. 작은 화분은 문제가 아니지만 커다란 도자기 화분이나 사각 화분은 흙이 가득 차 있어 사람 힘만으로는 옮기기 힘들었다. 특히 내 키만큼 자란 아프리카산 별소나무 아래의 직사각 화분은 무게가 엄청났다. 이 무거운 화분들을 옮기지 않으면 창틀 교체는 불가능한 상황이었다. 그러나 시작이 반이라는 말처럼 공사에 착수하고 일주일 만에 외부와 내부의 창호공사는 말끔히 완료되었다.

　새 유리창은 반짝이고 전망이 확 트였다. 서재 창밖으로 보이는 파란 하늘과 하얀 뭉게구름, 형형색색의 빌라들은 마치 한 폭의 풍경화 같았다. 이곳이 외국 여행지인 듯 착각이 들 정도였다. 창틀 틈새를 가득 메우고 있던 먼지는 사라지고 새하얀 프레임은 집 안에 새 옷을 입힌 듯 산뜻함을 더했다. 이전엔 삐걱거리며 열리던 창문이 이젠 부드럽게 열리며 강풍에도 미동조차 없다. 두꺼운 이중 삼중 유리로 틈이 촘촘히 막혀 겨울엔 찬바람이 들어올 걱정 없고 여름엔 방충망 덕분에 모기 한 마리도 들어오지 못할 것이다. 헌 집이 단숨에 새집이 된 듯한 기분이다. 환해진 거실 밖으로 꽃들이 미소를 머금은 듯 피어 있다. 맑은 공기와 따사로운 햇살 아래 무럭무럭 자라는 이 꽃들은 이 집을 더욱 아름답게 빛내주고 있다. 바라보기만 해도 마음이 환하고 상쾌하다.

이번 기회에 정글처럼 엉켜 있던 화분들도 정리했다. 메마르고 생기 없는 화초는 과감히 정리하고 필요한 20여 개의 화분만 남겼다. 새로 구입한 바퀴 달린 받침대 위에 도자기 화분을 올려 배치하니 보기에도 단정하고 이동도 편리했다. 하얀 받침대들이 나란히 서 있는 모습은 마치 새 단장을 마친 정원 같았다.

3부

책과 함께 떠나는 위로의 여행

술 없이도 낭만은 있다

대학에 입학한 후 학교 부근에서 하숙할 때다. 그때는 한 방에 두 명씩 하숙을 치렀다. 어느 날 룸메이트가 말을 꺼냈다. 항간에 떠돌아다니는 말에 의하면 돈 500원이 있으면 S대생은 연필을 사고 Y대생은 구두를 닦으며 K대생은 막걸리를 마신다면서 여기에 각각 개성이 나타나 있다고 했다.

위 3개 대학생 중 누가 멋있는 인생을 살고 있는가. 공부만 하는 책벌레는 멋이 없다. 멋만 내는 Y대생도 허세만 부린다. 500원 가지고 막걸리 마시는 K대생이야말로 얼마나 낭만적인가. 그 시절엔 우리가 제일 낭만석이라며 외치곤 했다. 학교 근처에는 유난히 막걸리 주막이 많았다. 두부 한 모 놓고 막걸리 한 사발씩을 들이키면 그 맛이 통쾌 그 자체였다. 얼큰하게 취해서 하숙집에 돌아와 장래에 대한 희망찬 포부를 늘어놓고 이야기의 꽃을 피우느라 잠도 설칠 때가 한

두 번이 아니었다. 요즘 '막걸리 한 잔'이라는 노래로 히트한 가수도 있지만 막걸리 한 잔의 맛을 무엇과 비교하리오. 엊그제 수필반 동호인이 술에 관한 이야기를 써 왔다. 제목이 '낭만을 모른다'였다. 하지만 나는 생각이 다르다. 그 글을 읽어보니 술을 마시지 않는 사람은 낭만을 모른다는 내용이었다. 그렇다면 나는 이미 대학생 때 낭만을 터득한 셈 아닌가.

대학을 졸업하자마자 인생관의 변화가 왔고 인생의 전환점이 된 계기가 있었다. 그것은 무신론자였던 내가 신을 인정하는 크리스천이 되었다는 사실이다. 바로 교회에 나갔으며 그 즉시 술을 끊었다. 누가 강요해서가 아니라 교회 다니는 성도들은 원래 술을 하지 않는 것으로 알았기 때문이었다. 소위로 임관되어 월남전에 파병되었다. 그곳에서는 C 레이션이 주기적으로 한 박스씩 배당되었는데 그 안에는 '조니 워커' 같은 양주가 있고 '팔말' 같은 양담배가 들어있었다. 매달 나에게 할당되는 양주와 양담배는 하나도 입에 대지 않고 옆방에 있는 김 중위에게 주었다.

귀국 후에도 한동안 금주를 지키다가 군 생활을 하면서 중요한 회식 자리에서는 마셨다. 분위기를 무시하고 나만 술을 안 마시는 것 또한 예의가 아니라는 생각이 들었다. 취하게 마시지는 않고 적당량만 마셨다. 억지로 주는 술은 받아마시는 척 시늉만 했다. 그러다가 전쟁기념관 근무를 마지막으로 술을 완전히 끊었다. 사회생활을 할 때는 단체 회식 등 조직사회에서 서로 어울려야 하므로 마셨으나 은퇴 후엔 그럴 이유가 없어졌기 때문이었다.

  1군 사령관이었던 3성 장군은 잔칫집에 가서 술에 만취해 모자도 벗고 군화도 신지 않은 채 사병에 업혀 나오다가 헌병이 사진을 찍어 공개하자 그다음 날로 군복을 벗을 수밖에 없었다. 별 세 개 달 때까지 얼마나 많은 고비를 넘겼겠는가. 그 영광이 하루아침에 땅에 떨어지게 되었다. 언젠가 장충체육관에서 단체로 야유회를 갔는데 버스 안에서 회원들이 술을 마시며 노래도 부르고 춤도 춘다. 버스가 들썩들썩할 정도로 뛰며 춘다. 나는 창문을 통해 밖을 내다보고 있는데 등 뒤에서 웬 아낙네가 등을 '탁' 치더니 "이 양반은 술도 안 마시고 뭐 하고 있나요"라며 호통을 친다. 잘 알지도 못하는 남자의 등을 치는 것이 얼마나 무례한 행동인가. 그녀는 정신이 몽롱한 상태였다. 자기는 술에 취하여 좋아서인 줄은 모르겠지만 갑자기 한 대 얻어맞고 기분이 상한 남의 심정에는 아랑곳없다.

  술은 적당히 마시면 상관없다. 그러나 자꾸 마시다 보면 자제력이 약해지는 것 또한 알코올의 특성이다. 술을 마시면 이성을 담당하던 부분이 확 풀려버리게 된다. 음주 운전 사고가 왜 나는가. 기분이 상쾌해지는 대신 정신이 맑지 못하다. 교통위반을 해도 대담해진다. 오죽하면 음주 운전 측정기가 개발되어 점검하겠는가. 본인은 아무 이상 없다고 하지만 측정기의 기준치를 오버하면 처벌 대상이 된다. 나이가 듦에 따라 체력이 약해지면 술에 견디는 힘도 약해진다. 술을 너무 많이 마시면 간에 부담이 되어 간 경화에 걸릴 가능성이 짙다.

위암 발생률도 높다.

  일전에 대학 과모임이 있었는데 한 친구가 나에게 술도 안 마시면서 무슨 재미로 사느냐고 물었다. 나는 건강만 하다면 술 없이도 아무 걱정 없이 행복할 수 있다. 나이가 들수록 걸음걸이도 느려지고 근력도 약해져 그게 걱정이지 술 하고는 전혀 관계가 없다. 행복은 스스로 쟁취해야지 술에 의지해서야 되겠는가. 술은 자제해야 할 대상이지 장려해야 할 대상은 아니지 않을까.

  하버드대학 교수이자 의사인 '조지 베일런트'는 〈행복의 조건〉이라는 그의 저서에서 하버드대학 출신 중 사회에서 활동하다가 은퇴한 자들을 수십 년간 추적하여 행복의 조건에 관한 연구 결과를 발표했다. 그는 신체적, 정신적으로 건강한 노후를 보장하는 일곱 가지 주요한 행복의 조건들을 다음과 같이 꼽았다. 첫 번째는 고통에 대응하는 방어기제이고 이어서 교육, 안정된 결혼 생활, 금연, 금주, 운동, 알맞은 체중이었다.

  위 일곱 가지 조건 중 네 가지가 건강에 관한 내용이다. 그리고 보면 행복한 노후를 맞이하려면 무엇보다 건강이 보장되어야 한다는 말이 된다. 100세 시대에 건강하게 장수하려면 '조지 베일런트'가 연구한 인생 성장보고서를 참고할 필요가 있다. 이 중에서도 건강에 관련된 금연, 금주, 운동, 알맞은 체중 이 네 가지를 잘 다스려야 한다고 생각한다.

술은 잘 마셔야지 잘못 마시거나 중독이 걸리면 인생을 망칠 수도 있는 위험한 특성을 가지고 있다. 그러한 술이 낭만의 절대 조건이 될 수 있겠는가. 오히려 그 반대로 진정한 낭만은 술이 아니라 자제와 지혜에서 비롯된다는 생각이다.

그 순간

8월의 햇살이 무겁다. 이 더운 날씨에 아침부터 아파트 창문 아래 공사장에서 망치질 소리, 철근 부딪히는 소리로 요란하다. 무심코 창밖을 내려다보다가 문득 사단 공병대대장 시절 건축 공사를 하던 때가 떠올랐다.

나는 병과가 공병이었기에 저런 현장이 남 일 같지 않다. 육군 소위 계급장을 달고 첫 부임한 곳은 육군 건설공병단이었다. 원래 전공은 건축이 아니었고, 건축이라는 것을 군대 와서 처음 접했다. 부임하자마자 맡은 첫 임무는 서울 변두리 방첩부대 내의 내무반 신축공사. 설계도대로 공사가 진행되던 어느 날, 엄청난 양의 목재가 현장에 들어왔다. 나는 효율적으로 작업하려고 그 목재를 보기 좋게 잘라 정리했다.

그때, 본부에서 온 중대장이 공사장을 불시에 방문했다. 험상궂은 얼굴에 호랑이 같은 눈을 한 그는 다짜고짜 호통부터 쳤다. "누가 자네 맘대로 목재를 조각내라 했나!" 병사들 앞에서 나는 망신을 당했고, 이후로도 그는 사사건건 지적과 기합을 퍼부었다. 열정에 부풀어 임관했건만, 현실은 냉혹했다. 10년 넘게 대위로 정체된 성격 까칠한 중대장을 만나, 첫 군 생활은 고난의 연속이었다.

그러나 세월이 흐르고 나는 소령에서 중령으로 진급, 사단 공병대 대장으로 부임하게 되었다. 말단 소대장에서 대대장으로, 이제는 내가 누군가의 상관이 된 것이다. 멋진 지휘관이 되리라는 부푼 마음을 안고 부임했건만, 현실은 녹록지 않았다. 부임하자마자 사단장으로부터 새 관사 신축 임무를 지시받았다. 읍내의 기존 관사를 처분하고, 사단 뒷산 언덕 위에 새로 관사를 짓는 일이었다. 문제는 시한이 고작 3개월이라는 점이었다. 사단장은 그 기한이 끝나면 전출 예정이었고, 그 안에 공사를 마무리하지 못하면 낭패는 고스란히 내 몫이었다.

공사 대상지는 언덕바지 급경사지였다. 기초 평탄 작업부터 옹벽 시공까지 막대한 작업량이 요구되었고, 아무리 봐도 3개월 내 완공은 어려운 일이었다. 부임한 지 일주일도 채 안 된 어느 날, 사단장실로 호출을 받았다. 잔뜩 긴장한 채 문을 열고 들어서자, 사단장은 단도직입적으로 말했다. "그 공사, 나 떠나기 전에 반드시 끝내게." "옹벽 공사도 있어 어렵겠습니다."라고 조심스레 말하자, 사단장은 바로 잘랐다. "무조건 해야 해." 더는 말할 수 없었다. "네, 알겠습니다."라고 대답했지만 속은 까마득했다.

　부대로 돌아와 중대장들과 참모들을 소집했다. "3개월 안에 공사를 끝내야 한다. 2중대장이 책임 맡고 착수하게." 그러자 2중대장이 난감한 표정을 지으며 말했다. "대대장님, 그 지역은 급경사라 장비도, 인력도 부족해 공사 착수 자체가 어렵습니다." 그 말은 틀리지 않았다. 하지만 사단장의 불호령이 아직도 귓가에 맴돌고 있었다. 그때 나는 결단을 내렸다. 결국, 내가 직접 나설 수밖에 없었다.

　우선 3중대장에게 옹벽 공사를 맡기고, 사방공사 및 배수로 작업을 동시에 병행하도록 지시했다. 중장비 도자를 투입하여 나 스스로 운전병을 지휘하며 흙을 밀기 시작했다. 땀방울이 이마를 타고 흘렀다. '반드시 기한 내 완공하겠다'는 결기였다. 이런 열정이 어디서 왔을까. 생각해보면 소위 시절, 그 고된 중대장 밑에서 배운 것이 단단한 뿌리가 되었던 것이다. 고생은 했지만 제대로 배웠다. 내가 삽을 들자 예하 간부들도 따라 나섰다. 모두가 흙을 고르기 시작했고, 하루 만에 울퉁불퉁하던 언덕은 어느 정도 평탄해졌다.

　어느 날 저녁, 야간 공사장으로 가는 길. 지프차 안에서 전화벨이 울렸다. "나 사단장인데, 지금 뭐 하고 있나?" "야간작업하러 공사장 가는 중입니다."

　"그래, 수고하네. 야간에도 작업해서 기한 맞추게. 완공 가능하겠지?" 그 순간 나는 대답을 머뭇거렸다. 공정률은 겨우 60%, 남은 기간은 20여 일. "네… 노력하겠습니다." 전화기를 내려놓고 창밖을 보니, 어둠 속 공사장이 희미하게 보였다. 그 순간, 이 모든 것이 막막했다.

그러나 시간이 모든 것을 해결해주었다. 온 부대가 한마음으로 땀을 흘렸고, 공사는 마침내 기한 내에 완공되었다. 멋진 관사가 언덕 위에 우뚝 섰고, 사단 전체가 축제 분위기에 휩싸였다. 준공식 날, 사단장은 내 이름이 적힌 표창장을 낭독하며 여러 참모들 앞에서 내 노고를 극구 칭찬했다. 그리고 며칠 후 열린 송별 파티에서 술잔을 따라주며 이렇게 말했다. "자네는 내가 인상 깊게 기억하겠네."

그 사단장은 이후 별 하나를 더 달고 삼성 장군이 되었다. 나는 국방부에서 마지막 군 복무를 마친 후, 민간 일자리를 구해야 하는 상황에 놓였다. 마침 정부에서 전쟁기념관 건립을 위한 실무요원을 모집하고 있었으나, 경쟁이 치열하여 기대조차 하지 못했다. 그런데 뜻밖에도, 그 사단장이 국방부에 직접 추천을 넣어 주었고, 나는 창설요원으로 발탁되었다. 그 덕분에 11년간 그곳에서 근무하고 정년퇴직까지 할 수 있었다.

소위 시절, 까다로운 중대장을 만나 겪었던 고초는 '변장된 축복'이었다. 그 고생이 나를 강하게 만들었고, 위기의 순간에 돌파할 수 있는 저력이 되어 주었다. 평소 맡은 바에 충실하고 최선을 다하면,

언젠가는 반드시 기회가 온다는 것을 나는 삶으로 체득했다. 지금도 기억난다. 그날 밤, 사단장의 전화를 받고 지프차 안에서 멍하니 창밖을 바라보던 그 순간. 절망과 결심이 뒤섞였던 그 시간이, 이제는 내 삶의 전환점으로 눈앞에 아른거린다.

혼자 걷는 길

　동네병원에서 진료를 받은 후 주사를 맞기 위해 대기하고 있었다. 그때 허리가 구십 도로 꼬부라진 할머니 한 분이 힘들게 지나갔다. 저런 허리로 어떻게 여기까지 왔는지 모르겠다. 누군가 보호자가 필요한데도 혼자 왔으니 얼마나 힘이 들까. 그 할머니가 남의 일 같이 보이지 않고 측은한 생각이 들었다.

　주변에 간호사도 있고 손님들도 많지만 아무도 그에게 관심을 두지 않았고 눈길도 주지 않았다. 그 굽은 허리로 걸음도 잘 못 걷는데 달랑 혼자 어정어정 걷는 모습이 몹시 처량하게 보였다. 그전에는 저런 사람 봐도 별 관심이 없었다. 그러나 요즘은 저런 분을 보면 눈길이 간다. 저 할머니에게는 딸이나 아들이 없을까. 아니면 있는데도 바빠서 동행할 수 없는 형편인가. 나이 들수록 노화가 진행될수록 저런 분들이 예사로 보이지 않는다.

가끔 아파트 단지 안에서 밖으로 나가며 보는데 자동차가 대기해 있고 양쪽에서 몸을 부추기고 나와 노인을 차에 태워주는 모습을 종종 본다. 자기의 몸을 가눌 수 없기에 가족의 도움을 받아 차를 타고 노인 케어시설에 가는 모양이다. 요즈음은 나도 택시를 탈 때 오르내리는 것이 편하지가 않다. 허리도 유연하게 구부러지지 않고 다리도 동작이 느리다. 천천히 타고 천천히 조심조심 차에 타고 내려야 하지 동작을 빨리하려고 하면 어느 곳 한쪽이 심하게 통증이 온다. 한 마디로 온몸이 자유자재로 움직이지 않고 기계에 기름을 안 친 듯 뻣뻣하다.

진료를 마치고 약을 타기 위해 2층에 있는 약국으로 내려갔다. 오늘따라 손님이 꽉 찼다. 저쪽 한구석에 자리 하나 잡고 앉아 약을 기다리고 있는데 아까 그 할머니가 바로 내 옆에 앉아 있지 않은가. 의자에 앉아 기다리면서도 통증이 오는지 굽은 허리를 구부렸다 폈다 안절부절못한다. 누구한테 하소연도 못 하고 혼자 끙끙 앓고 있는 모습이 안타깝다. 손을 보니 손가락 마디마디가 울퉁불퉁 나뭇가지처럼 굵어져 있다. 아마 관절통이 심한 것 같았다.

약국에 약사가 '약 나왔습니다' 하고 부르자 구부러진 허리 때문에 계산대에 손이 닿지 않아 애를 쓴다. 가방에서 한참 무언가를 뒤적거리더니 카드를 꺼낸다. 카드 하나 꺼내는 것도 힘들어 가방 지퍼를 열고 한참 만에 어렵게 꺼내 계산대에 낸다. 약사가 약에 관해 설명하는데 한두 가지 아니다, 골다공증약 관절약 진통제 등등 약값이

20여 만 원이라고 한다. 나는 7500원 결제했는데 나보다 20배나 더 아픈 게 아닌가. 저 많은 약을 다 챙겨 먹기도 힘들 것 같다. 밥도 혼자 지어 먹을 것이고 청소도 혼자 해야 하니 집안일이 한둘이 아닐 것이다. 거기에 통증까지 겹쳐서 밤마다 허리 다리 무릎 손가락 마디마디가 쑤셔 잠도 제대로 못 자는 건 아닐까.

저 할머니는 집에 가면 누가 기다리고 있을까. 아마도 혼자 사는 듯하다. 요즘은 노인들이 대부분 혼자 살고 있다. 자녀들이 같이 살자고 해도 불편하며 혼자 있는 것이 편하다고 하는 분들이 많다. 예전엔 혼자 사는 사람들이 거의 없었다. 으레 딸 아들이 있고 며느리가 있어 대가족제를 이루고 살았다. 나는 그런 속에서 살았기 때문에 홀로 사는 할머니 할아버지들을 본 일이 없다.

아파트에 청소하는 아주머니가 열심히 일하고 있으면 내가 말을 건다. "수고 많으십니다. 오늘 날씨도 이렇게 더운데 얼마나 힘드세요"라고 물으면 "돈 벌어야지요 돈 받으니까 괜찮아요"라며 웃는다. 그 아주머니도 나한테 말을 건다. 이 더운 날씨에 "반바지 입고 운동하시지 꼭 그렇게 긴바지를 입고 운동하시나요"라고 한다. 그 아주머니는 일흔이 넘었고 자녀도 있다는데 혼자 산다고 한다. "집에 강아지 한 마리가 있어요" 외로울 땐 강아지가 친구가 되는 모양이다. 요즘 홀로 사는 노인이 많아지면서 반려견이 가족의 빈자리를 대신하는 세상이다.

핵가족 시대가 된 이후 홀로 사는 가정이 천만이라니 실감이 나지 않는다. 결혼 초에 손위 처남이 미국 얘기를 해준 기억이 난다. "미국 아파트 문 앞엔 자식의 주소와 연락처가 적힌 종이가 붙어 있대. '내가 죽으면 이곳으로 연락해주세요.'라고. 그때는 그런 이야기가 전혀 현실감이 없었다. 그런데 지금 우리 사회가 그렇게 변해버렸다.

집에 돌아오니 아내는 천주교 황창연 신부의 강연을 흥미진진하게 듣고 있다. 얼마나 강론을 잘하는지 유머 섞어가며 이어가는데 한마디 할 때마다 웃음보가 터지는 소리가 내 귀에까지 들린다. 하나님 열심히 믿으며 신앙생활 잘해야 하늘나라 갈 수 있다고 강론하는데 저런 분들은 교회 가는 것 자체가 힘겨운 형편일 것이다. 그분에겐 신앙도 휴식도 웃음도 멀리 있는 사치처럼 느껴진다. 살아있다는 것이 곧 고통일 테니.

병원을 나서며 그 할머니가 어디로 가는지 궁금했다. 어느새 내 시야에서 사라져 버린 그분 어디로 가셨을까. 문득 마음이 허전했다. 삶의 끝자락을 그렇게도 조용히 묵묵히 살아내는 이들이 자꾸만 눈에 밟힌다.

새벽을 여는 사람들

　육군 소위로 임관한 지 2년이 지나 월남전에 파병되었다. 전쟁터라는 두려움보다는 군인으로서 마땅히 전투경험이 있어야만 한다는 생각에서 파병을 지원하였다. 또한 당시에는 형편이 넉넉지 않았기에 파병 시 제공되는 경제적 지원도 큰 동기가 되었다.

　월남에 도착한 지 3개월 동안은 최전방지역인 송카우라는 곳에서 피난민 수용소를 건축하는 일과 6번 도로에 매설된 지뢰 제거 작업 등을 수행하고 있었다. 낮에는 뙤약볕 아래에서 건축 작업을 했고 밤이면 전쟁터의 삼엄함을 알리듯 총성이 울리고 포 소리에 잠을 설치곤 했다. 파병된 지 보름쯤 되었을 무렵 처음으로 생사의 갈림길에 섰다. 우리 공병소대는 아랫마을 부근에 있었고 바로 위 고지에 보병 1개 중대가 주둔하고 있었는데 새벽 3시에 베트콩 1개 인대가 그 중대를 기습 공격했다. 박격포 수백 발을 퍼부은 다음 철조망 주변 경계병을 살해하고 들어가 닥치는 대로 총격을 가해 쑥대밭을 만들었다. 중대 병력의 3분의 1만 살아남고 대부분 전사했다. 아군의 참혹한 패배였다.

우리 공병소대는 전투부대가 아닌 피난만 수용소를 지어주는 부대라서 그랬는지 그들의 공격 목표에서 제외되어 살아남았지 하마터면 우리도 몰살당할 뻔했다. 그때부터 전쟁의 공포 분위기가 나를 짓눌렀다. 전 소대가 호를 파고 들어가 그곳에 기관총과 소총을 거치하고 밤을 새웠다. 정글이 우거진 베트남의 산골에 진지를 파고 들어가 그야말로 2차대전 중 독일군처럼 눈에 불을 켜고 적이 오나 안 오나 감시의 긴장을 늦출 수가 없는 나날의 연속이었다.

그렇게 위험한 지역에서 하루하루 지내다 보니 3개월이 언제 지나갔는지 모르게 갔다. 그러던 어느 날 공병 1소대는 사단사령부로 복귀하라는 명령이 떨어졌다. 사단 본부의 분위기는 사뭇 달랐다. 생전 처음 보는 TV에서 영상화면이 돌아가고 의무기간을 마치고 개선장군처럼 귀국하는 장병들에 대한 환영파티가 곳곳에서 열리기도 했다. 이곳은 전방지역과는 달리 어딘지 모르게 평화스러운 분위기였다. 그 이후 우리 공병소대는 주로 사단지역 내의 공사만 했다. 오전 8시에 작업 출동하여 오후 6시에 귀대하는 정상적인 일과가 계속되었다. 나에게는 장교 숙소가 별도로 제공되어 일과가 끝나면 아늑한 공간이 위로가 되어주었다. 저녁이 되면 내 방에서 영어 성경을 옆에 놓고 한글 성경을 영어로 번역하여 그 의미를 깊이 있게 정독했다. 처음 교회를 나온 지 일 년도 안 되어 파병되었기 때문에 전쟁터는 나의 신앙을 연단시키고 향상시키는 계기가 되었다. 그 후 60여 년이 지난 지금까지도 돈독한 신앙심이 내 마음 깊이 자리 잡은 것은 그때 월남 전선에서 믿음의 뿌리가 내렸기 때문이라 생각한다.

주일이 되면 어김없이 사단사령부 내에 있는 군인 교회에 나갔다. 처음 교회에 나가는 초신자였기 때문에 교회 생활에는 익숙하지 못해 교회 활동은 하지 않았고 예배에 참석하여 열심히 목사의 설교 말씀에만 집중했다. 그 말씀이 얼마나 꿀 같이 달콤한지 들어도 들어도 하늘에서 빛이 쏟아져 내리는 것 같았다. 주일 낮 예배가 끝나면 숙소에 돌아와 잠시 쉬었다가 저녁 예배에 또 참석했다. 주일이 지나면 수요일 예배가 기다려졌다. 일주일에 세 번씩 예배에 참석하는 것만으로도 외롭지 않았으며 하루하루가 깨가 쏟아지는 듯 축복된 나날이 이어졌다.

그처럼 왕성했던 나의 신앙도 귀국 이후에는 달라졌다. 현실의 무게가 신앙의 평온한 바다에 거센 풍랑을 일으켰다. 교회에 나가도 삶의 문제는 풀리지 않았고 힘든 시간이 지속되었다. 중대장 시절엔 부대 업무에 쫓기다 보니 교회에 나가는 것조차도 잊고 지냈다. 그렇게 내 믿음은 희미해 갔다. 대대장을 마치고 서울로 와서야 지금 약수동 신일교회에 정식으로 다니게 되었다. 그 교회에서 안수 집사가 되었고 선교회장을 맡으며 디시금 신앙의 새길을 걷기 시작했다. 새벽기도도 나가고 할렐루야 성가대에 가입하여 주일 첫 예배시간에는 5시부터 나가 찬양 연습을 하고 예배에 참석했다. 나의 믿음은 다시 제2막의 전성기를 맞게 되었다. 그때로부터 40년이 훌쩍 넘었다.

　오늘 아침도 5시 30분부터 시작하는 새벽기도 영상 예배를 드리고자 서재에 설치된 컴퓨터를 열었다. 아내와 함께 나란히 앉아서 영상으로 집에서 새벽 예배를 드린다. '말씀과 함께'라는 성경 교재를 앞에 놓고 성경을 펼쳐 설교시간에 맞추어 필기하며 듣는다. 장로신학대학 교수로 있다가 온 배요한 목사님은 이 교회가 한참 혼란한 시기에 부임하여 교회를 안정시키고 성공적으로 목회를 하고 계신다. '말씀과 함께'라는 책자를 분기별로 제작하여 배부하고 그 책으로 성경 말씀을 뼛속 깊이 이해하도록 설교하며 가르친다. 현재 신학대 교수직도 겸직하고 있는 배 목사님이 오신 후로 성경 말씀을 제대로 공부할 수 있었으며 그 목사님은 바이블의 오묘한 진리를 내 영혼 깊숙이 파고들게 만든다.

　새벽기도가 시작되면 목사님의 인도로 성경 본문 말씀을 통독한 뒤에 임마누엘 찬양대의 찬양이 이어진다. 이 찬양대는 반주도 없이 찬양대석에 오르지도 않고 교회 본당 맨 앞줄에 선 채 찬송을 부른다. 구성원은 대부분 70대 이상의 남성 장로님과 집사님으로 조직되어 운영되고 있다. 88세 된 집사님도 계신데 그 연세에도 불구하고 눈보라가 몰아치는 영하 18도의 새벽에도 아랑곳없이 하루도 빠지지 않고 참석한다. 태풍이 몰아치는 날에도 칼바람을 뚫고 교회로 향하는 그 꾸준함은 길고 단단한 믿음의 뿌리가 있기에 가능한 일이다.

나는 설교가 시작되기도 전에 찬양대원들의 모습을 보는 순간부터 은혜를 받는다. 그리고 문득 60여 년 전 월남 전선에서 나도 저렇게 열심히 예배드리던 내 모습을 떠올린다. 나의 첫 신앙은 세월 속에서 다소 흐려졌지만 이들은 처음처럼 믿음을 간직하고 있다.

참으로 존경스럽고 본받고 싶은 분들이다. 그뿐 아니라 400여 명의 성도가 이 새벽 예배에 하루도 빠짐없이 참석한다. 이들은 참으로 어둠을 헤치고 새벽을 여는 믿음의 천사들이다.

찾아오는 글, 떠나지 않는 마음

　살다 보면 가끔 우울한 마음이 찾아들 때가 있다. 젊었을 때는 외로움이라든가 미래에 대한 불안감 같은 것이었으나 노후엔 다르다. 점점 나이 들어 쇠약해져 가는 육신의 노화와 함께 활동량이 줄어들고 여기저기 아픈 곳이 많아지기 때문이다. 허리도 아프고 무릎도 아프며 지병인 척추병이 재발하지나 않을까 하는 염려가 그치지 않는다.

　엊그제 ROTC 동기생인 C가 갑자기 세상을 떠났다는 슬픈 소식을 접했다. 평소에 씩씩하고 동기생 모임에도 항상 적극적이며 체격도 우람하여 그 정도의 건강체라면 100세는 무난하리라 생각했던 그가 갑자기 심장마비로 세상을 떠났다는 소식은 주변 사람들을 깜짝 놀라게 했다. 나보다 훨씬 건강하고 건장한 체격을 가지고 있었던 그가 그렇게 빨리 세상을 떠날지는 몰랐다. 평소에 고민이라고는 전혀 없어 보이는 낙천적인 친구 H로부터 전화가 왔다. 자기는 일본에 다녀올 일이 있어 갔다 오는 바람에 C의 장례식에 참석하지 못했다면서 소식을 물어왔다. 그러면서 그도 두려웠던지 앞으로 자기도 걱정이라며 미래의 죽음에 대해서 말하기 시작했다. 나도 같은 마음이라며 한동안 대화를 주고 받았다.

다음날 아침에 잠에서 깨어나니 귀에서 항상 들리는 이명(耳鳴)이 유난히 크게 울린다. 그 틈을 타서 우울한 마음이 찾아든다. 앞으로 내가 아내보다 먼저 하늘나라로 가면 모르겠으나 아내가 먼저 떠나면 밥은 어떻게 하지. 갑자기 밥 짓는 걱정이 앞선다. 나는 아직까지 밥을 지을지 모른다. 배우려고 해도 마음만 있지 기회가 생기지 않는다. 아내에게 밥 짓는 법 좀 가르쳐달라고 말하면 알았다고 말만 한다. 몇 번이나 말했는데도 아내는 그까짓 밥 짓는 것 안 배워도 당하면 다 된다며 일축한다. 그래서 지금까지 밥 짓는 것을 배우지 못했다.

그래서 이번에야말로 기어코 배우고 말리라 작심하고 잠자리에서 일어나 그날은 내가 밥을 짓겠다고 말하고 싱크대 앞에 나갔다. 아내가 물에 담가 놓은 쌀을 밥통에 넣으라고 한다. 쌀을 물에 담그는 것부터 알려달라고 했더니 다음에 알려주겠다고 하여 또 하루 이틀 미루다가 이제까지 배우지 못하고 있다. 글쓰기만큼 열정이 있었다면 벌써 배웠을 테지만 이내 식어버린다. 무엇이나 급박해야 배우지 당장에 문제가 없으면 다음으로 미루는 것이 인간의 습성 아닌가.

우울한 마음을 달래보려고 강남에 사는 큰딸한테 갔다. 뉴코아 상점에서 옷을 하나 골라 달라고 부탁했다. 옷을 하나 산 후, 차 한 잔 하면서 만약에 노후에 나 혼자 되어 밥을 못 하면 어떻게 하느냐고 애로사항을 말했다. 그랬더니 걱정하지 말라면서 그때 가서 생각하라고 말한다. 딸의 말을 들으니 좀 걱정이 가셨다. 그때 가서 상의할 대상이라도 있으니 다행이라는 생각이 들었다. 사람마다 우울함은 크고 작든 간에 있게 마련이다. 그것이 잠깐 있다가 사라지면 괜찮지만 머리 위에 둥지를 트고 자리를 잡으면 우울증 환자가 되는 것이다. 나한테는 대부분 잠깐 왔다가 스치고 지나가는 우울감이다. 그럴 때는 가장 가까운 사람과 대화를 통해서 푸는 방법이 제일 좋다. 그런 의미에서 평소에 대화를 나눌 만한 친구나 가족이 있어야 한다.

또 한 가지 방법은 이렇게 글을 쓰는 방법이 있다. 글은 내가 나에게 말하는 대화다. 물론 독자를 의식하지 않을 수 없지만, 글을 써서 발표하고 평가를 받는 것은 차후 문제다. 일단 글을 쓰는 순간에는 나와의 대화가 이루어지기 때문이다. 이렇게라도 글을 쓰고 나니 나의 우울함은 어느 정도 해소된 느낌이다. 이 글을 가지고 안국동 수생반에 들고 나가 발표하고 강평을 받는 동안 우울증은 사라지고 대신 '다음에는 무슨 글을 쓸까'에 대한 설렘이 피어오르며 삶은 활기차고 새로운 국면으로 접어들게 된다. 그래서 수필 쓰기는 치유의 효과가 있다고 하지 않는가.

나는 독서를 하고 나면 감명 깊은 내용은 메모를 해놓는 습관이 있다. 백여 페이지 정도의 중노트에다가 나만 알아볼 수 있을 정도의 깨알 같은 작은 글씨로 빼곡하게 기록해놓았다. 남의 글을 그대로 복사한 것도 있고 거기에 내 의견을 살짝 보탠 것도 있기 때문에 누구의 글이라고 명시할 수도 없다. 그런 노트가 십여 권 되는데 글을 쓰다가 무엇을 쓸까 생각이 안 떠오를 때나 막힐 때는 이 중 한 권을 뽑아 아무 곳이나 선택하여 읽으면 금방 착상이 떠오른다.

그 메모장의 한 구절에 다음과 같은 문장이 쓰여 있다. "왜 글을 쓰는가. 나는 하루도 빠지지 않고 글을 쓴다. 사람들이 내게 박수를 보내지 않아도 글을 쓰지 않으면 뭔가 허전하다. 글을 쓸 때 내 뇌의 쾌감을 담당하는 중추가 가장 활발히 반응하기 때문이다. 주기적으로 글을 씀으로써 글 담당하는 전두엽을 자극한다. 뇌는 눈과 손에 명령을 내려 글을 창작하게 한다. 하루 치의 글쓰기를 마치고 나면 무엇인가 바꿀 수 없는 충만함으로 빛난다. 그 자체로 순간순간 나는 받을 것을 다 받았다. 돌이켜보면 내가 글을 쓴 것이 아니라 글이 내게 찾아왔을 뿐이다"

이런 글을 읽고 나면 다시 펜을 들게 된다. 비록 문학적으로 뛰어난 글은 아닐지라도 누군가에게 무언가 전하고자 하는 마음 그것 하나로도 충분하다는 믿음이 생긴다. 오늘도 나는 그 믿음 하나로 조용히 마음을 짓고 있다. 밥을 짓듯 글을 짓는다.

불안의 구름 속에서

　오래전에 아내와 함께 제주도 여행을 간 일이 있다. 평생 직장에 얽매여 있다가 퇴직한 후 모처럼 여행을 가기에 비행기라고는 처음 타 보는 아내는 비행기 창문으로 보이는 날개를 보며 금방 추락할 것만 같다면서 걱정이 태산 같았다. 아내는 손에 땀을 쥐고 창밖을 보며 겁에 질려 있었다. "이거 진짜 괜찮은 거야" 몇 번을 되묻고는 날개가 금방 떨어질 것 같다며 고개를 푹 수그리고 머리를 들지 못한 채 서울에서 제주도에 갈 때까지 공포 속에 떨었다. 아내뿐만 아니라 바로 옆에 함께 탄 아주머니도 똑같은 두려움을 억누르지 못하고 불안에 떨고 있었다.

　대부분 사람은 항공기가 추락할 확률은 거의 제로에 가깝다고 믿어왔다. 외국 여행을 떠날 때 누가 비행기 사고가 있으리라고 추호만큼이라도 걱정하는 사람이 있겠는가. 여행을 떠날 때는 누구나 들뜬 마음으로 비행기에 탑승한다. 나도 해외여행을 많이 해보았지만 한 번도 비행기가 추락한다거나 화재 사고가 일어나리라고는 상상해 본 적이 없다. 그러나 요즈음은 많이 달라졌다. 항공기 사고가 심심치 않게 발생하고 있다. 얼마 전에 무안비행장에서의 사고로 197명이라는 어마어마한 숫자의 생명이 희생되었다. 그 사고가 난 지 얼마 되지 않아 또다시 에어부산 여객기에서 화재가 발생했다. 출발 직전에 구사일생으로 160여 명의 탑승자가 비상구 등으로 탈출하였기에 망정이지 하마터면 대형사고로 이어질 뻔했다.

이제는 해외여행도 안심할 단계가 아니다. 나만은 예외일 것으로 생각하지만 그때 사고를 당한 사람들도 마찬가지로 자기만은 결코 사고가 나지 않으리라는 확신이 있기에 그 비행기에 탑승했을 것이다. 겨울방학을 맞이하여 딸네 가족 4명이 미국여행을 떠났다. 학교 교사인 딸 내외는 이번이 아들 둘과 함께 다 같이 갈 수 있는 모처럼의 기회로 생각하고 오래전부터 준비했다. 엊그제 뉴욕 여행을 마치고 워싱턴으로 가는 비행기를 타고 간다는 문자가 온 바로 그다음 날 워싱턴 부근에서 군용헬기와 충돌사고가 발생했다는 뉴스가 떴다. 그 뉴스를 보는 순간 가슴이 철렁 내려앉았다. 딸의 이름을 되뇌며 휴대폰을 들었다 놓았다를 반복했다. 요즈음 글로벌 시대에는 태평양 건너 미국 워싱턴에서 일어난 여객기 사고도 남의 일이 아니다. 만에 하나 딸 가족이 그 여객기에 탑승하지 말라는 법도 없지 않은가.

그렇다고 비행기 추락할까 봐 해외여행을 안 갈 수는 없다. 오래전

하나투어 패키지여행을 가기 위해 터키로 출발할 날짜 바로 하루 전에 그 나라 서북부에서 커다란 지진이 발생했다는 뉴스가 떴다. 우리 일행은 이미 여행사와 예약을 해놓았기 때문에 가느냐 마느냐 걱정이 되어 연락해봤더니 계획대로 떠난다고 했다. 할 수 없이 여행을 단행했다. 다행히 여행 도중 9일 동안 아무 일 없었다. 한쪽에서는 땅이 갈라져 수십 수백 명이 피 흘리며 죽어가는데도 한편에서는 신나게 여행을 즐기고 있다. 참으로 냉혹한 세상이다.

　실제로 언제 사고가 날지도 모른다는 두려움 때문에 공황장애에 걸려 시달리는 사람들도 있다. 고소 공포증에 걸린 사람은 지붕에만 올라가도 오금이 저려 꼼짝 못 하는 사람도 있다. 지인 중에는 지하철 에스컬레이터도 무서워 타지 못하는 사람도 있다. 몇 년 전에 나도 공황장애로 치료를 받은 적이 있다. 어느 날 갑자기 심장이 쿵 내려앉고 아찔한 순간이 있었다. 전신의 피가 아래에서부터 머리끝까지 거꾸로 도는 듯한 충격이 일어났다. 병원에 갔더니 생전 처음 들어보는 공황장애가 의심스러우니 검사해보라고 했다. 신사동에 있는 멘탈 클리닉 병원에서 정밀검사 결과 공황장애로 판명되어 치료를 받았다. 왜 그런 병에 걸렸는지 원인은 의사도 정확히 밝히지 못했다.

　그때 나와 비슷한 증세의 환자들이 한곳에서 심리치료를 받는데 나만 70대이고 나머지는 전부 젊은 청년이거나 30대 여성들이었다. 젊고 발랄한 청년이며 멋진 여성들이 공황장애에 시달리고 있는 현실을 보고 깜짝 놀랐다. 한 젊은 여성은 버스 전철을 타지 못해서 치료를 받으러 왔다. 버스나 전철만 타면 금방 충돌사고가 날 것만 같은 공포 때문에 타지를 못한다. 그러니 걷는 것 이외에는 이동을 못하니 얼마나 답답하겠는가. 또 다른 청년은 비행기가 추락할까 봐 탑승을 못 하여 여행을 하지 못한다. 그러니 세상 살아가는 데 얼마나 불편하겠는가. 나는 그 정도는 아닌 것만으로도 다행이라 생각했다.

사건·사고 소식이 그칠 날이 없다. 언제 어떤 일이 벌어질지 모른다는 생각에 우리의 삶은 마치 파리 목숨처럼 가볍고 위태롭게 느껴진다. 그럴 때면 문득 떠오르는 찬송가 한 구절이 있다. "내일 일은 난 몰라요/ 하루하루 살아요/ 불행이나 요행함도 내 뜻대로 못해요"라는 이 가사는 삶의 불확실함 속에서 느끼는 불안의 무력감을 고스란히 담아낸다. 그러나 곧 이어지는 다음 구절은 작은 위안과 희망을 건넨다. "험한 이 길 가도 가도/ 끝은 없고 곤해요/ 주님 예수 손 내미사/ 내 손 잡아 주소서"라는 이 찬송가를 교회에서 수없이 부를 때 마음이 차분히 가라앉고 설명하기 힘든 평안함이 찾아오곤 했다.

꼭 기독교인이 아니어도 이 노래의 마음은 함께 나눌 수 있지 않을까. 불확실한 시대를 사는 우리 모두에게 필요한 건 누군가 내미는 손 한 번 그리고 하루를 견디게 해주는 작은 노래 한 소절일지 모른다. 모든 좋은 노래에는 인간의 쓸쓸한 마음을 어루만져 주는 시적인 울림이 있으니까.

책과 함께 떠나는 위로의 여행

　수필 10집이 인쇄를 마치고 집 앞에 도착했다. 상자를 개봉하자 갓 찍혀 나온 책 특유의 잉크 냄새가 가슴을 설레게 한다. 『길에 선 나무는 웃지 않는다』 지도교수이신 권대근 교수님께서 직접 지어주신 제목이라 더욱 애착이 간다. 문학적인 깊이를 담고 있는 이 제목은 내 삶과 글이 어떤 의미로 '길에 선 나무'처럼 살아왔는지를 되돌아보게 한다. 표지 색깔도 따뜻한 느낌이다. 황금빛 낙엽이 흩날리는 가을날의 풍경이 연상되는 디자인에 마음이 끌린다. 새 책이 나올 때마다 느끼는 뿌듯함과 설렘은 언제나 처음처럼 신선하다.

　몇 해 전, 한 여성 수필가의 글에서 "수필집 한 권은 아기를 낳는 것과 같다"는 표현을 본 적이 있다. 그 말이 결코 과장이 아니라는 걸 나도 여러 권의 책을 내면서 절실히 느껴왔다. 수필 한 편을 지을 때마다 마음속 깊은 곳에서 창조의 씨앗이 움트고, 시간이 지나며 가지를 뻗고 열매를 맺기까지는 무수한 고뇌와 성찰의 시간이 따랐다. 그 과정을 거쳐 한 권의 책이 세상에 나오게 되면, 비로소 창작의 고통은 기쁨으로 승화된다.

그러나 이렇게 어렵게 만든 책도 막상 세상에 내놓으면 환영받지 못하는 경우가 많다. 수십 권씩 박스로 배달된 책을 현관 앞에 쌓아두고 나면, '이 많은 책을 누구에게 다 전해줄 수 있을까' 하는 걱정이 먼저 앞선다. 거실 안에 쌓인 책 무더기는 어느새 산처럼 커지고, 글을 쓸 때는 생각지도 못했던 부담이 밀려온다. 우선 나눠줄 사람들 명단을 작성하고 확인하지만, 늘 책이 남는다. 그 나머지는 내가 직접 들고 다니며 '이 사람이라면 진심으로 읽어줄까' 하는 마음으로 신중하게 전달한다.

언젠가 한 모임에서 "이 세상에서 가장 싫은 선물이 책 선물"이라는 말을 듣고 큰 충격을 받은 적이 있다. 그 말을 들은 이후로는 더욱 조심스럽게 책을 건네게 되었다. 내가 어릴 적만 해도 책은 고상한 선물이었다. 크리스마스나 친구 생일이 되면 책 한 권 선물하는 것이 가장 의미 있는 일이었다. 그런데 어느 순간부터 책은 부담스러운 존재가 되었고, 사람들은 책보다 휴대폰을 더 가까이하는 시대가 되었다. 독서는 정신의 양식이라 했건만, 그 영혼의 밥상은 점점 외면당하고 있는 것 같아 마음이 서글퍼진다.

며칠 전, 동네 국민은행의 심현 팀장을 만나 상담을 받았다. 상담이 끝난 후 망설이다가 조심스레 수필집을 한 권 내밀었다. 그녀는 책을 받을 사람인지 아닌지 판단할 수 있는 내 감각에 꼭 들어맞는 사람이었다. 반가운 얼굴로 책을 받으며 표지를 살펴보고는 목차를 훑어보더니 "빨리 읽고 싶어요"라는 말까지 덧붙인다. 순간, '이 분은 내 글을 끝까지 읽어줄 분이구나' 하는 생각이 들었다.

그로부터 일주일 뒤, 다시 은행을 방문했을 때 그녀는 나를 보자마자 "연예인 같으세요!"라고 반긴다. 팔십이 넘은 나이에 그런 말을 듣다니, 처음엔 당황했지만 속으로는 기분이 꽤 괜찮았다. 그날 상담을 마친 후 그녀는 내 책에 대한 감상을 말해주었다. "요즘은 책을 사도 몇 장 넘기다 마는 경우가 많은데, 작가님의 수필집은 읽다 보면 힐링이 됩니다. 글이 편안해서 지친 마음을 달래줍니다." 그 말을 듣는 순간, 나는 다시 창작의 의욕을 느꼈다. 누군가 내 글을 읽고 위로받았다면, 그 자체로 내가 살아온 시간이 결코 헛되지 않았다는 의미이기 때문이다. 그녀는 또 "좋은 문장을 음미하기 위해 일부러 조금씩 아껴 읽고 있어요"라고도 말했다. 독자의 이런 말은 메마른 마음밭에 비가 내리는 듯한 감동으로 다가왔다.

나는 책을 전한 후 은근히 독후감을 기대하는 편이다. 꼭 내용이 훌륭해서가 아니라, 그 글을 끝까지 읽어주었다는 사실만으로도 보람이 크기 때문이다. 나도 모르는 부분을 짚어 칭찬해 줄 때면, 또 하나의 씨앗이 마음속에 뿌려지는 듯하다. 하지만 누구에게나 쉽게 독후감을 써달라고 청할 수는 없다. 글을 쓴다는 건 부담스러운 일이기에 부탁하기 어려운 게 사실이다. 그럼에도 이번에는 용기 내어 단도직입적으로 요청해 보았다. 뜻밖에도 그녀는 "네, 꼭 써 드릴게요"라고 흔쾌히 응했다. 그리고 정확히 일주일 후, A4용지 한 장 분량의 정성스러운 독후감을 전해주었다. 나는 그 글을 집에 돌아와 몇 번이고 되풀이해 읽었다. 내 글에서 감명을 받았다는 진심 어린 문장 하나하나가 내 마음을 따뜻하게 적셨다. 그때 나는 확신했다. 문학은 여전히 사람의 마음을 움직이는 힘이 있다는 것을.

며칠 후, 팀장에게 이번 여름휴가 계획을 물었다. 그녀는 가족들과 함께 일본 오사카로 자유여행을 간다고 했다. 단체 패키지가 아니라 직접 교통편을 알아보고, 전철을 타며 낯선 도시를 둘러보는 일정이라 했다. 요즘 젊은 세대는 인터넷과 정보력으로 무장하여 여행도 똑똑하게 한다. 감탄하고 있는데, 그녀가 마지막에 덧붙인 한마디에 나는 더 큰 감동을 받았다. "이번 여행에 작가님 수필집을 가지고 가려고 해요. 여행지에서 틈틈이 읽고 싶어요." 나는 말문이 막혔다. 아무리 책을 좋아하는 나라도 여행 가방에 책을 챙기는 일은 드물다. 더욱이 내 수필집을 직접 가져가 읽겠다는 말은, 그 책을 마음으로 받아들였다는 뜻 아닌가. 그 한마디는 이 세상 어떤 찬사보다도 더 큰 위로와 용기가 되었다.

책을 외면하는 사람들도 있지만, 이렇게 진심으로 다가와 주는 독자도 있다. 그 한 사람의 정성이 백 명의 무관심보다 더 큰 울림이 된다. 나는 다시 마음을 가다듬고 다짐했다. 글을 쓰는 이 길이 아무리 외롭고 더디더라도, 한 명의 진실한 독자가 있는 한 계속 나아갈 것이라고. 새 수필집을 위한 씨앗이 다시 내 마음 밭에서 움트기 시작했다.

마음 염색약

카이로플라틱이라고 하는 치료를 받기 위해 잠실에 간 일이 있다. 젊은 여성 치료사가 내 나이를 물어봐서 70이라고 말했더니 하는 말이 '왜 이리 젊으세요. 건강관리를 잘하면 이렇게 젊게 살 수 있군요.'라고 말한다. 다름 아닌 건강을 치료하는 치료사이기 때문에 많은 환자를 접할 텐데 그런 분이 나에게 이런 칭찬을 하니 기분이 흐뭇했다. 그래서 질문을 하나 했다. '그럼 80까지는 무난히 살 수 있나요.'라고 했더니 '물론이죠. 충분히 살 수 있어요. 그 이상도 가능합니다. 여기에 나오는 환자 중에 95세 되는 분이 있는데 아직도 골프를 치며 건강하게 살고 있습니다' 그때 나는 80까지만 살아도 다행이다는 생각을 했었다.

세월은 날아가듯 빨라서 이느덧 80회 생일기념 파티를 한 지가 2년이나 넘었다. 이제는 욕심이 더 생겨서 90까지는 넉넉히 살 것 같다는 자신감이 생겼다. 지난주 동네 거래하는 은행 팀장과 대화 중 또다시 같은 질문을 해보았다. '앞으로 90까지 살 수 있을까요' 그가 하는 말이 '물론이죠. 그때 가서도 약간 차이가 있을 뿐 여전하실 것입니다' 듣기 좋아하라고 하는 말인 줄 알면서도 그 말을 들으니 흐뭇했다. 엊그제 척추 수술로 병원에 입원해 있는데 보조간호사가 나의 나이를 알고 나서는 깜짝 놀란다. '아니 82세나 되었다고요. 저는 70대인 줄 알았어요' 이런 말을 한두 번이 아니고 만날 때마다 수시로 말한다. 믿어지지 않는다는 표정이다.

수술한 병원에서 퇴원하여 재활병원에 입원했을 때다. 원래 새벽 4시경이면 일어나는 습관이 있어 기상하자마자 병실에서 나와 복도 의자에 앉아 일기를 썼다. 어느 날 쓰다 만 일기장을 놓고 화장실에 간 사이에 어느 여성 환자가 내 일기장 노트를 열어보고 있다. '그거 제 노트입니다'라고 말했더니 그녀는 이상하다는 표정을 지으며 '이 병실에서 무슨 글을 쓰십니까'라고 묻기에 '그날 있었던 일과 느낀 점들을 적어놓는 습관이 있어 일기를 씁니다'라고 대답한 후에 현재 수필가로 등단하여 글을 쓴다고도 덧붙였다. 그녀는 다시 '원래 문학을 하셨나요'라고 묻기에 '저는 군인 출신입니다' 그 말에 '군인도 글을 쓰며 문학을 합니까'라고 묻는다. 사람들은 군인이라고 하면 글을 못 쓰는 사람으로 안다. 군인은 총칼 들고 적진에 나가 전투만 하는 줄 알았지 문학 같은 것을 한다고는 생각하지 않는다. 나는 군에 있을 때도 독서와 일기는 꾸준히 써왔다. 일기는 하루도 빠짐없이 그날그날 있었던 일, 감명 깊었던 일, 슬펐던 일, 기뻤던 일 등 마음의 풍경을 일기장에 그려 놓았다. 그것들이 훗날 수필 쓰는 데 많은 도움이 되어주었다. 책도 꾸준히 사서 읽고 타임지와 뉴스위크지도 정기구독하여 봤다.

월남전의 포화 속에서도 일기만큼은 꼬박꼬박 작성했다. 내 방에 혼자 앉아 일기문을 쓸 때는 마음이 차분히 가라앉았고 그 순간은 나와의 대화장이 마련되어 외롭지 않았다. 일기문을 작성하면서 많은 상상도 해볼 수 있었다. 수많은 사람이 죽어가는 현장을 목격하고 전쟁터에서는 인간의 생명이 너무도 초라하다는 것을 기록했다. 오늘 살았다고 해서 내일을 보장할 수 없는 전쟁터임에도 불구하고 TV. 냉장고, 카메라 등 물건을 사겠다고 피엑스 앞에 몰려드는 군상들을 보며 느꼈던 점들을 일기문에 기록하며 마음을 달랬다.

그녀는 다시 묻는다. 저도 작가입니다. 동화작가입니다. 이 근처에서 학원 강사를 하고 있는데 등산하다가 넘어져 발목이 부러져 이곳에 왔습니다. 그녀는 이어서 내 나이를 물어보았다. '82입니다'라고 말했더니 또 한 번 놀란다. '믿어지지 않아요. 왜 이리 젊어 보이세요' 젊어 보인다는 말에는 기분이 좋았지만 한 편으로는 내 나이가 그렇게 많은가 하는 생각에 서글퍼지기도 했다. 젊어 보이는 만큼 나이도 젊었어야 할 텐데 겉만 젊어 보일 뿐 속은 늙었다는 말이 아닌가. 젊어 보인다는 것은 어떤 면에서는 그렇게 보이도록 치장을 했기 때문이다. 머리 염색만 하지 않았어도 백발노인 취급을 받을 것이다.

겉만 젊어 보이면 뭐하나. 속도 젊어야 한다. 외모를 관리하기는 쉬워도 내면을 관리하는 것은 어렵다. 외모는 성형수술이라도 할 수 있지만 내면은 성형수술이 불가능하다. 외모는 돈으로 고급 옷을 사 입고 단장하면 될 수 있지만 내면은 하루아침에 가꿀 수가 없으며 시간이 걸린다. 한 달 두 달이 아니라 그 기간은 일 년 삼 년 십 년 아니 평생을 가꾸어야 하리라.

마음을 젊게 가꾸려면 어떻게 해야 할까. 문학을 하면 된다고 생각한다. 문학 중에서도 수필이 제일이다. 수필은 허구의 세계를 다루는 것이 아니라 진실의 세계를 다루기 때문이다. 수필은 성찰의 문학이라고 했다. 사람이 사람답게 살기 위해서는 반드시 성찰의 단계를 거쳐야 한다. 삶을 성찰한다는 것은 한편으로 반성을 의미하지만 다른 한편으로는 음미 즉 천천히 맛본다는 의미이다. 느리게 인생을 사는 방법의 하나가 수필 쓰기라고 생각한다. 느리게 거닐다 보면 보이는 것들이 많으며 천천히 나이 들어갈 수밖에 없지 않은가. 많은 사람이 목적 없는 인생을 살면서 생을 마치는 순간 당혹과 회한에 빠지게 된다. 그러나 수필 쓰는 사람은 죽음에 이르기 전의 삶을 음미하며 느리게 살아가기에 젊게 살 수 있지 않겠는가.

외모를 젊게 하려고 흰머리를 염색하듯 마음을 젊게 하기 위해서는 문학이라고 하는 염색약으로 퇴색한 마음을 푸르게 염색해야 한다. 그중에서도 수필이야말로 마음을 염색할 수 있는 최고의 염색약이 아닐까.

손끝으로 부르는 세상

　자가용 키를 마지막으로 반납하던 날 마음 한 켠이 쓸쓸했다. 수십 년 동안 어디든 자유롭게 달려갔던 차를 보내고 나니 거리가 갑자기 멀게 느껴졌다. 이제는 대중교통이나 택시에 의지해야 했다. 하지만 막상 거리로 나서 보니 빈 택시는 눈에 띄지 않고 손을 흔들어도 멈춰주는 차는 드물었다. 세상이 달라졌음을 실감하는 순간이었다. 차는 좀처럼 잡히지 않았고 답답함은 쌓여갔다.

　그러다 작은딸이 알려주었다. "요즈음은 카카오택시로 부르면 돼요" 처음엔 반신반의했다. 작은 휴대폰 하나로 어떻게 택시를 부를 수 있단 말인가. 설명을 들으며 차근차근 따라 해보았다. 앱을 열고 출발지와 도착지를 입력하고 호출 버튼을 누르는 것 그 단순한 과정 만으로 정말 택시가 나오는다는 사실이 믿기지 않았다. 그러나 이미 많은 사람이 활용하고 있음을 알고 세상이 이렇게 변했나 싶었으며 하루빨리 나도 디지털 문맹이 되지 않아야겠다는 다짐을 하고 열심히 배웠다.

아직도 익숙하지는 않지만 아쉬운 대로 시행착오를 겪어가며 병원에 가야 할 일이 있을 때 급히 외출해야 할 때 카카오택시를 이용하고 있다. 어느 날 호출한 택시에 올라탔더니 기사님이 방긋 웃으며 말했다. "아버님은 카카오택시를 직접 호출해서 타시니 대단하십니다. 대부분 어르신은 자식들이 대신 불러주어 타고 있습니다" 그 칭찬 한마디에 괜히 어깨가 으쓱해졌다. 늦게나마 새 문화를 받아들이기를 참 잘했다는 생각이 들었다. 아날로그에서 디지털 시대로 넘어온 덕분에 손끝 하나로 세상을 움직일 수 있게 된 것이다.

금년 초 수생반에서 공부를 마치고 귀가할 즈음 갑자기 눈이 내렸다. 오후에 내리는 눈이며 날씨도 영상의 온도이기에 별로 걱정 안 했는데 잠깐 내린 눈이 폭설을 방불케 하여 금세 도로가 온통 눈으로 덮였다. 척추 수술한 부위가 아직 완전하지 않아 지팡이 짚고서는 한 발짝도 떼기 어려울 정도였다. 택시를 잡으려 해도 큰 도로까지 나가야 하는데 땅이 미끄러워 걸어갈 자신이 없었다. 이때다 하고 핸드폰에 입력된 카카오택시 앱을 열고 클릭을 했다. 그러나 갑자기 내린 눈으로 모든 택시가 다 호출되어 먹통이 되었고 '예약하기'만 나온다. 직접 호출하는 방법은 배워서 알고 있지만 그 외 기능은 이용할 수가 없었다. 눈은 더 강하게 내리고 있어 귀가하기가 난감하여 당황하고 있는데 마침 교육원 장 부장이 도와주어 무사히 집에 올 수 있없다.

그때 고생을 했기에 호출방법을 더 배워야겠다는 생각이 들어 그 다음 날 즉시 손자를 불렀다. 갑자기 눈이 내려 택시를 잡으려고 카카오택시 앱을 열었으나 이용하지 못한 것은 사용방법을 배웠다고 해도 숙달이 되어야 필요할 때 사용할 수 있지 그렇지 않으면 무용지물이다. 손자는 오전 11시쯤 와서 한 시간 동안 머무르면서 자세하게 가르쳐주고 난 후 몇 번씩 실습까지 해주고 갔다.

자가용을 처분할 때 택시 타는 문제를 비용으로만 분석했지 다른 문제는 고려하지 않고 있었다. 비용만 분석하면 자가용보다 비용이 적게 든다. 그러나 비용이 문제가 아니라 돈이 있어도 택시를 원하는 시간에 잡을 수가 없다. 아파트에서도 택시를 타려면 일단 정문까지 걸어 나가서 큰 도로까지 나가야 택시를 탈 수 있다. 아파트 현관부터 정문을 거쳐 큰 도로까지 나가는 거리가 상당히 멀다. 그마저도 오전 출근 시간 같은 경우에는 도롯가에서 빈 차를 잡기란 하늘에서 별 따기만큼 어렵다. 한번은 서울대학병원에 가기 위해 약수동 사거리에서 택시를 잡으려고 기다렸는데 40분이 지나도 빈 차가 없어 결국 포기하고 버스를 타고 갈 수밖에 없었다.

그러나 카카오택시 호출하는 법을 배운 후에는 상황이 달라졌다. 오히려 자가용보다 더 편리한 것 같은 생각이 든다. 핸드폰에 실치된 앱을 열어 출발지와 도착지를 입력하고 원하는 택시 종류를 선택한 후 결제방법을 택한다. 카드결제, 자동결제, 직접결제 중 하나를 선택한다. 일일이 현금을 주고 계산할 필요 없이 자동결제방식으로 하면 호출과 동시에 결제가 이루어지니 얼마나 간편한가. 아파트 거실에서 호출하면 빠른 경우 2~3분 이내에 도착함으로 엘리베이터를 타고 내려가는 동안에 이미 차가 도착해 있다. 놀라운 시스템이다.

핸드폰 하나로 어디서든지 택시를 호출할 수 있어 거리에서 택시를 기다릴 필요가 없다. 기계가 스스로 알아서 가장 가까운 거리에 있는 택시를 검색하여 신속하게 호출함으로 시간이 절약된다. 택시기사의 이름, 차량번호, 주행 경로 등이 앱에 기록되어 소지품을 잘못 놓고 내렸을 경우도 추적이 가능하여 범행도 추적할 수 있으니 안전성도 높다. 참으로 놀랄만 하다.

이러한 카카오택시가 한국에서 최초로 개발된 대규모 모바일 택시 호출 시스템이라는 말을 들었다. 아날로그에서 디지털로 넘어온 디지털의 물결 속에서 '디지털 문맹'이 되지 않으려는 나의 노력이 헛되지 않아 나는 여전히 세상과 연결되어 있다. 클릭 한 번 눌러 호출하면 어디서든지 언제든지 원하는 장소에서 탈 수 있는 택시 한 대의 작은 변화 속에 대한민국의 기적이 살아 숨 쉰다.

귀여운 라희

아내의 생일을 축하해주기 위해 온 가족이 우리집에 모였다. 올망 졸망하던 손자 소녀가 어느덧 장성하여 손자 둘은 대학생이 되었고 손녀는 중학생이 되었다. 책가방 메고 빨리 학교 가자며 독촉하던 때가 엊그제 같았는데 손자들은 어느새 내 키보다 훌쩍 커 있었고 차에서 내려올 때는 현관 입구가 비좁을 정도였다.

거실 안에 들어오자 어른들보다 세 명의 손자 손녀들에게 관심이 쏠렸다. 큰손자는 공군에서 제대한 후 복학 준비 중이고 둘째는 대학 재학 중이며 막내 손녀는 여중 3학년이다. 우리 아홉 식구는 아내 생일 케이크를 자르며 '생일 축하합니다'의 노래를 합창했다. 조금 후에 주문한 커피가 왔다. 소파에 걸터앉기도 하고 의자와 바닥에 동그렇게 둘러앉아 커피를 마시며 오순도순 이야기의 꽃을 피웠다. 오늘의 화재 중심은 막내 손녀에게 집중되었다. 마침 딸과 사위가 중고교 교사이기에 진학 문제에 관심을 가지고 손녀에게 지금부터 수능시험과 대학진학 시험준비를 해야 한다고 강조하였다. 그 말에 가만히 귀를 기울이고 있는 라희는 무슨 생각을 하고 있었을까.

라희가 서너 살 때 우리집에 오면 나를 가만히 두지 않았다. 거실에서 가족들과 이야기하고 있는 내 손을 붙들고 무작정 건넛방 서재로 끌고 갔다. 어른들끼리만 놀지 말고 할아버지는 내 친구가 되어달라며 회전의자에 나를 앉히고 마구 뺑뺑이를 돌렸다. 올 때마다 한시도 가만히 있지 못하고 뛰어다니며 분주하게 집 안을 휘젓고 뛰어다니던 아이였는데 중학생이 되어 얌전히 앉아 이모와 이모부의 말에 귀를 기울이고 있는 모습이 대견하다.

라희는 내가 다니는 신일교회의 유치원에 다닌 적이 있다. 내가 본당 예배가 끝난 후 아래층에서 선교회원들과의 친교하는 사이에 누가 뒤에서 살짝 건드린다. 이상하다 싶어 바라보면 귀여운 라희가 아닌가. 나는 반가워 남이 보든 말든 손녀를 번쩍 들어 올려 한 바퀴 획 돌린 다음 내려놓는다, 다섯 살쯤 되었을까. 가볍게 들어 올려져 내 품에 안긴 손녀는 병아리처럼 귀여웠다. 초등학교 들어가기도 전에 나에게 이메일을 보냈다. '할아버지 모 하세요' '뭐 하세요'를 잘못 표현한 그것이 오히려 더 귀여웠다.

내 책상 앞 벽에는 중구청에서 발행하는 신문 표지그림 한 장이 붙어 있다. 라희가 어렸을 때 자기 엄마와 같이 중구 독서마당이라고 하는 이벤트 모임에서 책 읽는 모습을 사진에 담아 표지 그림으로 내보냈다. 그 신문의 표지를 오려서 벽에 붙여놓고 손녀가 보고 싶을 땐 수시로 그 사진을 보곤 한다. 누구나 자기 손녀가 예쁘지 않은 사람은 없겠지만 그때 라희는 참 예뻤다. 나도 책을 좋아하는데 라희도 앞으로 저 사진 그림처럼 평생 독서하는 습관을 지니기를 바라는 마음 간절하다.

서연이는 딸 하나만 낳았다. 그래서인지 딸 하나 잘 키워야겠다는 욕심이 많아 이것저것 다 가르치며 열심이다. 엄마의 열심에 따라가야 하니 얼마나 시달릴까 생각하면 안타까운 생각도 든다. 초등학교 진학 전부터 영어학원에 보냈다. 언젠가 영어유치학원에서 영어웅변대회를 한다고 하여 딸과 함께 간 일이 있다. 나도 영어스피치학원을 다닌 적이 있지만 영어웅변을 한다는 게 쉽지가 않을 텐데 반신반의하면서 참석했다. 대여섯 명이 일 개조로 편성되어 한 명씩 나와서 짤막한 영어문장을 웅변하기 시작했다. 저마다 큰소리로 영어로 웅변을 하는 모습이 신기하고 기특하기만 했다. 한 조가 끝나면 다음 조가 나와 순서에 따라 하는데 드디어 라희의 조가 나타났다. 내 눈은 오직 라희에게 집중되었다. 영어는 무조건 발음에 신경 쓰지 말고 큰소리로 해야 한다는 게 나의 주장인데 라희는 일단 큰소리로 자신 있게 외쳤다. 나는 평생을 영어 공부했어도 영어웅변을 못하는데 유치원생이 영어로 웅변을 한다는 그 자체가 얼마나 대단한 일인가.

초등학교에 들어가자 바이올린 연주대회를 한다며 딸은 우리 내외를 초대했다. 요즘 초등학교 강당은 어지간한 극장보다 더 시설이 좋다. 널따란 무대의 방청석으로 학부형들이 모두 꽃다발을 하나씩 들고 강당을 가득 메웠다. 우리도 꽃다발 하나 사 들고 중앙에 앉아 라희 차례가 나오기를 기다렸다. 열 명 정도가 한 팀이 되어 연주하는데 라희는 중간쯤에 서 있었다. 마침 피아노 반주는 엄마인 서연이가 맡아서 했기에 그 무대는 더욱 빛났다. 가끔 다른 곳에서 바이올린 연주회에 초대를 받았을 때는 전혀 흥미를 느끼지 못했으나 손녀의 바이올린 소리는 왜 그토록 경쾌하게 들리는지 전혀 지루하지가 않고 신기하기만 했으니 자기의 핏줄에 대한 애착은 인간의 본능인가 보다.

한참 화재의 꽃을 피우다 보니 헤어져야 할 시간이 되었다. 마지막 이야기의 주제도 라희의 장래에 관한 내용이었다. 날이 라희는 사진 찍는 취미가 있고 사진 촬영하는 솜씨가 뛰어나다면서 앞으로 그 방향으로 가도 좋다는 의견을 냈다. 그 말에 큰딸이 그거 해서 수입이 되지도 않으니 돈벌이가 되는 직업이라야 한다며 반대 의사를 밝혔다. 큰손자 민석이는 돈보다도 개인의 취미생활을 살려 소질을 계발하는 편이 낫다며 찬성 의사를 표시했다. 그 역시 영화제작 쪽에 관심이 있기에 그랬을 것이다. 교사인 큰딸은 학교 선생을 하면 무난하고 장래가 보장되어 안정적인 삶을 유지할 수 있어 여성의 직업으로서는 안성맞춤이라고 했다. 네 아빠처럼 금융계통에 가면 좋겠다는 등 다양한 의견들이 나왔다.

온 가족이 라희에게 집중 세례를 퍼부으니 머리가 복잡해질 것 같아 안쓰러운 생각이 들어 내가 말했다. "라희야 너무 머리가 아프겠다. 그냥 공부할 때 공부하고 놀 때 놀며 마음 편하게 지내거라. 그렇게 미리 걱정하다가는 지쳐버릴지도 모르겠다."라고 위로의 말을 했더니 의외로 라희는 "아니에요. 모두 다 좋은 의견이니 다 참고하겠어요'라고 대답한다. 어른들의 말에 그렇게 긍정적으로 대하는 라희가 기특했다.

사랑이 국물처럼

점심 무렵, 아파트 단지를 돌며 걷기 운동을 하고 있었다. 그때 아내에게서 전화가 왔다. 서연이한테 전화 왔어요. 삼계탕 끓여서 가져온다네요. 여기 와서 점심 같이 먹자고 해요." 잠실에서 약수동까지, 가까운 거리도 아닌데 삼계탕까지 끓여서 온다니 반가운 소식이었다. 그렇잖아도 서연이가 보고 싶었는데, 탕까지 챙겨온다니 더 고마웠다. "알았어요. 곧 운동 마치고 들어갈게요."

결혼 전, 서연이는 시집가면 요리도 해야 한다며 요리학원에 다닌다고 했었다. 그땐 대수롭지 않게 들었는데, 그때 배운 솜씨였을까. 종종 친구들을 집에 초대해 음식을 대접했다 하고, 남편 생일엔 정성껏 차린 상을 올렸다고도 했다. 시부모님도 그 자리에 함께했다며, 음식이 참 맛있었다고 칭찬하셨다던 말이 생각났다. 손님을 초대해 음식을 대접한다는 게 말처럼 쉬운 일이 아닌데, 아무렇지 않게 해내는 모습이 늘 대견했다. 그런 서연이가 오늘은 삼계탕을 끓여 먼 길을 달려온다는 것이다.

운동을 서둘러 마치고 집에 도착하자마자, 곧 서연이가 들어왔다. 압력솥에 담은 삼계탕을 인덕션 위에 올리고 데우기 시작했다. 얼마 지나지 않아 솥에서 '삐' 하는 소리가 났고, 뚜껑을 여는 순간 인삼과 대추, 마늘, 찹쌀의 고소한 냄새가 방 안 가득 퍼졌다. "언제 이런 걸 다 끓였니" "어제 저녁에 미리 삶아두었다가, 오늘 아침에 다시 끓였어요." 서연이는 국그릇을 꺼내 밥을 푸고, 따뜻한 국물을 건넸다. 한 숟가락 떠보니, 닭고기는 부드럽게 풀어졌고 국물은 진하고 깊었다. 밖에서 사 먹는 삼계탕과는 비교가 안 될 정도로 맛있었다.

나는 감탄하며 말했다. "지금까지 먹어본 삼계탕 중에 제일 맛있다." 그러자 딸은 웃으며 말했다. "생각나실 때 언제든지 말씀만 하세요. 바로 끓여올게요. 이번 여름 초복, 중복, 말복은 책임질게요." 피곤할 텐데도 정성껏 끓여 가져다준 마음이 고마워 한 그릇을 말끔히 비웠다. 따뜻하고 진한 국물 한 숟가락마다 딸의 사랑이 스며 있는 듯했다. 몸뿐 아니라 마음까지 든든해졌다.

그때 문득 오래된 기억 하나가 떠올랐다. 아주 어렸을 적, 아버지가 시골 큰집에서 씨암닭 한 마리를 받아 오셨다. 그 시절 닭고기는 귀한 보양식이었고, 식구들이 함께 백숙을 먹는 날은 잔칫날이나 다름없었다. 그날 아버지는 닭을 부엌 한 구석에 묶어두며 "내일 아침

푹 고아 먹자"고 하셨다. 하지만 아침에 일어나 보니 닭은 보이지 않고, 닭털만 부엌에 어지럽게 흩어져 있었다. 밤새 집 개가 그 귀한 닭을 잡아먹은 것이었다. 화가 난 아버지는 빗자루를 들고 개를 마구 때리셨고, 개는 "꼐엑꼐엑" 소리를 내며 도망쳤다. 어린 내 눈에는 그 개가 너무도 불쌍해 보였다.

또 하나의 기억, 어릴 적 우리는 집에서 닭을 길렀다. 어머니는 밥풀이나 채소 껍질을 모아 닭들에게 주셨고, 닭들은 깍깍거리며 몰려들었다. 어느 날 닭 한 마리가 둥지에 조용히 앉아 알을 낳았다. 하얗고 따뜻한 알을 본 나는 신기하고 가슴이 두근거렸다. 함께 있던 동생이 조용히 닭장 문을 열고 알을 꺼냈다. "엄마한테 갖다 주자"고 했더니, 동생은 말없이 고개를 젓더니 "우리 반씩 나눠 먹자"며 구멍을 내고 빨기 시작했다. 그런데 순식간에 전부 삼켜버리고 말았다. "너 다 먹었잖아!" 화가 났지만, 동생도 어쩔 수 없었을 것이다.

그런 기억에 젖어 있는데, 문득 아내의 목소리가 현실로 나를 데려왔다. "어쩌면 이렇게 간이 딱 맞니" 식탁 너머, 그릇을 앞에 둔 딸을 바라보며 나는 불현듯 생각에 잠겼다. 서연이가 아팠을 때, 밤잠을 설쳐가며 등을 쓸어주던 아내의 손길이 떠올랐다. 그 아기가 이렇게 자라 부모의 건강을 걱정하며 삼계탕을 끓여오는 사람이 되었다. 그제야 깨달았다. 한 그릇의 삼계탕에 담긴 사랑이 이렇게 깊고 진한 줄은 몰랐다.

음식은 배를 채우는 것이 아니라, 마음을 전하는 길이구나. 이따금 이런 순간이 찾아온다. 말로 다 표현할 수 없는 고마움과 뭉클함이 물밀 듯 밀려오는 시간, 그 순간을 오래도록 기억하고 싶다. "맛있게 드셔주시니 끓인 보람이 있어요." 딸은 웃으며 말하고, 그릇을 씻기 시작했다. 나는 딸의 뒷모습을 바라보며 조용히 중얼거렸다. "삼계탕이 아니라, 사랑을 끓여온 거였구나."

세월은 흘러, 부모가 자식을 돌보던 시절에서 자식이 부모를 보살피는 시절로 이어졌다. 그러나 그 중심에는 언제나 사랑이 있었다. 그 사랑은, 국물처럼 깊고 진하게 배어 있었다.

4부
어둠을 건너는 빛처럼

인생은 뱃길이다

올해 초부터 무릎 안쪽 근육이 아파 쪼그려 앉거나 무릎을 꿇는 것이 불가능해졌다. 처음에는 대수롭지 않게 여겼으나 통증이 점점 심해지면서 동네 정형외과를 찾았다. 진단 결과는 무릎 연골판이 다소 손상되었고, 고가의 주사 치료를 권유받았다. 2주 간격으로 다섯 차례 주사를 맞았지만 통증은 완전히 사라지지 않았다. 의사는 "80% 정도 호전되었으니 더 이상의 치료는 무의미합니다"라며 중단을 권했다. 다행히 걷는 데 큰 불편은 없었기에 대강 일상을 이어갈 수 있었다.

그러던 어느 날, 교회에서 예배를 마친 후 마지막 찬송을 부르기 위해 일어서려는 순간, 허벅지에 찌르는 듯한 통증이 밀려왔다. 몸을 일으킬 수조차 없었다. 다시 병원을 찾았고, 의사는 신경주사를 여러 차례 놨지만 효과는 미미했다. 그러더니 이내 나를 한 번 바라보고는 안타까운 듯한 표정을 지으며 말했다. "척추 수술을 한 번 받으셨죠? 그게 원인입니다. 앞으로는 지팡이를 짚고 다니시는 수밖에 없습니다." 노인을 바라보듯 짓는 그의 동정 어린 시선이 나를 더욱 우울하게 만들었다.

내 나이가 적지 않다는 것을 알고 있지만, 노인 취급을 당하는 일은 여전히 익숙하지 않다. 그 순간 '이제 끝인가' 하는 절망감이 밀려왔다. 통증은 점점 깊어졌고, 사회활동은 물론이고 무엇보다도 내가 생의 의미로 삼았던 수필조차 더 이상 쓸 수 없을지도 모른다는 불안감이 나를 짓눌렀다. 제11집 원고를 준비 중이었는데, 그것조차 마무리하지 못하고 이렇게 주저앉는다면 얼마나 슬플까. 답답한 마음에 몇몇 지인들에게 카톡으로 심정을 전했다. "척추 수술을 한 번 했기 때문에 2차 수술은 어렵고, 지팡이를 짚고 다녀야 한다는 진단을 받았습니다. 고민이 많습니다." 이내 여기저기서 답장이 왔다. "힘내세요." "지팡이를 짚고라도 모임에 나오셔야죠." "수필도 계속 쓰셔야 합니다." 따뜻한 말들이 이어졌지만, 마음속 절망의 그림자는 쉽게 걷히지 않았다.

그때 문득, 예전 용수문학회에서 함께 수필을 공부했던 박치옥 선생님이 떠올랐다. 올해 95세가 되었지만 여전히 글을 쓰고 살아가는 그에게 전화했다. 내 이야기를 들은 그는 담담하게 말했다. "나도 척추 수술을 두 번 이상 받았어요. 역삼동에 있는 선한목자정형외과 원장이 괜찮더군요. 한번 가보세요." 그 한마디가 깊은 절망의 틈에 한 줄기 빛처럼 스며들었다. '구하라, 그리하면 주실 것이요. 찾으라, 그리하면 찾을 것이요. 문을 두드리라, 그리하면 너희에게 열릴 것이니'라는 성경 말씀이 떠올랐다. 그동안 수없이 암송하고 믿었던 말씀이었건만, 절망에 빠지면 그마저도 들리지 않는 것이 인생이다. 그러나 박 선생님의 말 한마디에 다시금 믿음의 싹이 고개를 들기 시작했고, 새로운 용기가 생겨났다. 즉시 큰딸에게 전화하여 병원 예약을 부탁했다.

원장은 워낙 인기가 많아 일주일 후에야 진료를 받을 수 있다고 했다. 기다릴 수밖에 없었지만, 혹시나 해서 응급조치라도 받고자 그날 곧바로 병원을 찾아갔다. 오후 늦은 시간이었지만 병원은 환자들로 북적였다. 접수 후 대기하던 중, 간호사가 내 이름을 부르며 말했다. "고수부 님은 원장 진료입니다." 의아한 마음에 "원장 진료는 다음 주 아닌가요?" 하고 묻자, "우연히 원장님 시간이 비었습니다. 진료 가능하십니다"라고 답했다. 기적이라는 표현이 바로 이럴 때 쓰이는 말이 아닐까. 예기치 못한 은혜에 나도, 동행한 딸도 눈시울이 붉어졌다.

원장은 내 상태를 묻더니 곧바로 엑스레이 촬영을 지시했다. 영상실에서 여러 각도로 촬영하는 동안, 자세를 바꿀 때마다 칼로 찌르듯한 통증이 밀려왔다. 사진을 본 의사는 척추 디스크 상태가 좋지 않다며 MRI 검사를 권했다. 위층 MRI실에서 무려 30분간 촬영을 진행했다. 좁은 원통 안에 갇힌 듯한 느낌, 윙윙 울리는 기계음, 밀폐된 공간의 답답함은 몸뿐 아니라 마음까지도 압박해왔다.

　검사 후, 의사는 20년 전 수술한 부위 바로 위쪽 디스크가 80% 이상 망가졌다고 설명하며, 수술이 불가피하다고 진단했다. 나는 조심스럽게 물었다. "수술, 가능한가요?" 그는 고개를 끄덕이며 말했다. "수술은 가능하지만 연세가 있으니, 중환자실이 있는 큰 병원으로 가셔야 합니다." 처음 병원에서 들은 '수술 불가'라는 말이 다시 들릴까 두려웠기에, 수술이 가능하다는 말만으로도 얼마나 안도했는지 모른다.

　그 순간 시편 46편의 말씀이 가슴을 두드렸다. "하나님은 우리의 피난처시오 힘이시니, 환난 중에 만날 큰 도움이시라. 그러므로 땅이 변하든지 산이 흔들리든지 우리는 두려워 아니하리로다." 그 말씀이 새삼 새롭게 다가오며 마음에 평안을 주었다. 죽을 것만 같던 낙심의 터널 끝에 작은 빛 하나가 다시 켜진 느낌이었다.

　지금은 온 세상이 가을 풍경으로 물들어간다. 들녘에는 울긋불긋 코스모스가 만발하고, 선선한 바람이 뺨을 스친다. 청명한 하늘 아래, 사람들은 여행 가방을 끌며 공항으로, 항구로 바삐 움직인다. 하지만 나는 수술 날짜를 기다리며 그 차디찬 수술실을 향해 가야 하는 신세가 되었다. 그러나 어찌하랴, 인생은 본래 뱃길과 같지 않은가. 잔잔한 강물 위를 유유히 흐르다가도 어느 순간 사나운 풍랑을 만나는 것이 인생의 길이다.

풍랑을 피할 수는 없지만, 침몰하지 않기 위해 믿음을 닻 삼아 나아가야 하는 것이 인생 항로의 지혜가 아닐까. 이제 나는 다시 한 번 노를 든다. 바람이 불어도, 파도가 일어도, 아직은 내가 갈 길이 남아 있기에. 인생은 여전히 항해 중이다.

'육군대학' 내 인생의 탈출구

엊그제 중학교 교사로 있는 딸이 감기에 눈병까지 있어 피곤한 몸을 이끌고 학교에 다녀왔다며 문자를 보내왔다. '직장생활 참 만만치 않네요.' 그 짧은 말 속에 담긴 고단함이 가슴에 와 닿았다. 순간 전방 2군단 벙커에서 지내던 시절이 떠올랐다. 호랑이 같은 작전처장 S대령의 억압 아래 하루하루를 견뎌내야 했던 그 시간은 말 그대로 '여삼추'였다.

소령으로 진급하려면 중대장을 거치는 거치는 것이 필수다. 그러나 나는 장래보다 안정을 택해 서울 건국대학교 교관 보직을 받았다. 고난의 길도 가야 함에도 평탄한 길을 택한 결과 소령 진급에서 탈락했다. 주위에서 동기생들이 진급했다는 소식을 듣자 정신이 번쩍 났다. 그제야 마음을 다잡고 부랴부랴 전방으로 지원해 중대장 보직을 맡았고 뒤늦게나마 소령으로 진급했다.

소령 진급하자마자 먼저 진급한 동기생을 따라잡아야겠다는 각오로 육대 시험공부에 도전하기로 했다. 중령 진급을 위해서는 육군대학 이수가 필수였기 때문이다. 하지만 입교는 말처럼 쉬운 일이 아니었다. 전체 정원의 80% 이상이 보병 병과에 할당되고 나머지 20%가 기타 병과에 배당함으로 나 같은 공병은 그야말로 바늘구멍이었다. 나는 낯 서른 보병전술 교범 열 권을 구한 후 공부를 시작했다. 전방 비오큐(B.O.Q)의 시멘트 바닥 위에 침대 하나밖에 없는 비좁은 공간에서 고시공부하듯 파고들었다. 보병 전술은 거의 암기 과목이었다. 생소한 용어가 도무지 머리에 들어오지 않아 사방 벽에 쪽지를 붙여 놓고 오가며 외웠다. 어느 날 옆방에 김 소령이 내 방에 한번 와 보고는 입을 다물지 못했다. "이게 무슨 난리야"

그렇게 악착같이 매달린 끝에 드디어 합격의 영광을 얻었다. 공병 동기생 중에서는 나 혼자였다. 그 기쁨도 잠시 상급부대에서 전입 요청이 들어왔다. 군단 작전처라는 자리였다. 요직이라는 말에 망설임 없이 응했다. 그 자리가 어떤 곳인지도 모른 채 갔다. 처음 작전처에 발령이 나서 작전처장 S 대령에게 신고하던 순간 온몸에 소름이 돋았다. 그 험한 인상으로 나를 위아래로 훑어보는 순간이 신고의 전부였다. 나중에 들은 얘기인데 주변 장교들이 그 자리에 보직 받는 나를 보고 이구동성으로 '고수부가 호랑이 굴 속으로 들어가는구나' 하며 한심하게 여겼다고 했다. 소문은 과장이 아니었다. 부임 첫날부터 날벼락이 떨어졌다. 업무파악도 하지 못한 나에게 다음 날 아침까지 군단 예하 사단의 공사현황을 보고하라는 명령이 떨어졌다. 퇴근시간에 열리는 직원회의에서 처장은 군단장에게 직접 보고할 수 있도록 밤새 자료를 정리하라고 했다.

　1970년도 후반기 당시에는 남북관계가 최악의 상황이었으며 박정희 대통령의 특명으로 38선 전역에 철의 장벽을 세우는 대공사가 진행중이었다. 대전차 장벽, 철조망, 지뢰매설 등 엄청난 작업이 밤낮없이 이어졌고 그 실적을 매일 보고해야 했다. 처장은 장군 진급을 앞두고 실적을 쌓기 위하여 부하 장교들을 가차 없이 몰아 부쳤다. 퇴근이라는 개념은 아예 없었다. 밤 10시 회의는 예사였고 나는 새벽 4시까지 철야로 수치를 집계했다.

　잠을 못 자 눈이 벌겋게 충혈된 채 차트지를 만들어 아침 출근하자마자 보고하면 S 대령은 실눈을 뜨고 숫자를 위아래로 훑어보며 오탈자 하나에도 고함을 질렀다. 밤새 수고했다는 말은 한마디도 없이 당장 고쳐서 "내일 아침에 다시 가져와"라는 말과 함께 퇴근은 무산되었다. 전자계산기로 계산을 반복해도 졸음에 지친 머리는 자꾸 실수를 했다. 그날 밤도 꼬박 새웠다. 다시 제출한 보고서에도 숫자 하나 틀렸다는 이유로 또다시 야단을 맞았다. 이런 나날이 하루 이틀이 아니라 1년 가까이 반복되었다. 인간이 견딜 수 있는 한계란 게 있다면 나는 그 선을 넘기 직전이었다.

　소령 진급했다며 좋아했던 것도 순간이었고 이렇게 험난한 곳에 와서 사표를 낼 수도 없고 보직 변경을 할 수도 없는 진퇴양난의 길에서 다행히 육군대학 합격이 내게 한 줄기 빛이었다. 일 년 후이면 자동 발령이 나니 그날만 기다리고 버텼다. 하루하루가 여삼추였다. 전방 비오큐에 혼자 지내며 아내가 보낸 편지가 유일한 위안이었다. 단정한 글씨로 적힌 손편지를 읽으며 울컥할 때도 있었다. 내 책상 위에는 늘 '신념의 마력'이라는 책이 놓여 있었고 밑줄을 그으며 읽고 또 읽었다. 신념을 가지면 성공할 수 있다는 그 문장이 버티는 힘이 되었다.

마침내 육군대학 입교 명령지가 하달되었다. 해방이었다. 학교라는 단어 하나만으로도 숨통이 트였다. 공부는 내게 취미였다. 노력하면 성과가 나는 분야였기에 이보다 좋은 일이 없었다. 작전처 동료들이 회식을 열어주었다. "고수부 정말 고생 많았어" 그 말에 울컥했다. 꽃 피는 사월 나는 진해 육군대학에 입교했다. 공병 동기생은 나 혼자였지만 보병 포병 병과의 ROTC 동기생이 여럿 있어 반가웠다. 무엇보다 캠퍼스 전체에 부드럽고 푸근한 기운이 감돌았다.

그때 만약 육군대학이라는 탈출구가 없었다면 나는 그 깜깜한 지하 벙커에서 헤어나오지 못한 채 길을 잃고 말았을 것이다. '지성이면 감천'이라는 말처럼 그 조그만 방 사방에 보병전술 쪽지를 붙이고 밤을 세운 노력 덕분에 나는 암흑의 동굴에서 빠져나올 수 있었다. 육군대학은 내게 단순한 진급 코스가 아니었다. 구원이었고 재출발이었고 삶을 다시 일으켜 세운 기회였다.

그 골짜기에서 부름을 듣다

　10월 늦가을. 겨울이 성큼 다가오려는 듯 유난히 쌀쌀한 날이었다. 우중충한 하늘에서는 빗줄기까지 쏟아져 우울한 마음을 더욱 짙게 만들었다. 늦은 저녁, 논현동 거리는 무슨 일로 그리도 분주한지 오가는 자동차의 행렬로 혼잡하기 이를 데 없었다. 그 사이로 작은딸 서연이는 나를 태우고 병원으로 향해 긴급히 차를 몰았다. 결혼 후 운전을 배우며 땀 흘리던 모습이 엊그제 같은데, 이제는 서울의 복잡한 도로를 능숙하게 빠져나가는 손길이 대견하기만 했다.

　나는 뒷좌석에 앉아 허리를 부여잡은 채 진통에 몸을 떨고 있었다. 앉아도, 누워도, 서 있어도 고통은 멈출 줄 몰랐다. 잠도 제대로 이룰 수 없었다. 그렇게 두 달 동안 한 발짝도 바깥으로 나가지 못하고 집 안에 갇혀 있으니, 하루가 여삼추요, 마음까지 조여들었다. 그런데도 주변 사람들은 그 고통을 제대로 알지 못했다. 이 광대한 우주 안에 내 통증을 아는 사람은 한 사람도 없다는 생각에 외로움이 몰려왔다.

결국 수술을 받아야 한다는 진단이 내려졌지만, 문제는 병원이었다. 80이 넘은 나이 탓에 중환자실이 있는 대형 병원에서 수술을 받아야 한다고 했다. 대학병원에 진료 의뢰를 하려 했지만, 의료대란 속에서 환자들이 밀려들고 있어 예약 자체가 어려웠다. 서울대병원은 무려 6개월 뒤에나 진료 가능하다고 했다. 흔히들 한국의 의료 시스템이 미국보다 낫다고들 하지만, 현실은 전혀 달랐다.

그때 작은 기적이 일어났다. 백방으로 수소문한 끝에 둘째 딸이 가까스로 연세세브란스병원 진료 예약을 잡았다는 소식이었다. 내 입에서는 저절로 "기적이다"라는 말이 나왔다. 수술도 하기 전에 벌써 기적이 두 번이나 일어났으니, 요즘은 기적이 일상이 된 듯했다. 진료 상담을 마친 의사는 나의 사정을 듣고 곧바로 입원 수속을 진행하라고 했다. 안도의 한숨이 절로 나왔다. 그러나 또 다른 장벽이 있었다. 수술 대기 환자가 많아 내 수술은 4개월 뒤에나 가능하다는 것이었다. 그때까지 이 통증을 어떻게 견딜까. 눈앞이 캄캄해졌다. 119를 타고 응급실에 가도 받아주지 않고, 병원마다 떠돌다 생명을 잃는 경우가 있다는 말이 허황된 소문만은 아니었다. 혹시 나도 그렇게 되진 않을까, 불안이 엄습해왔다.

그때, 내 고통을 진심으로 헤아려준 한 친구가 있었다. ROTC 무호 3기 회장을 맡고 있는 김광용이다. 내가 수술을 준비 중이라는 소식을 듣고, 그는 첫날부터 꾸준히 관심을 가져주었다. 어느 날 그에게 전화가 왔다. "세브란스 수술 날짜는 좀 당겨졌소?" 하고 묻기에, 환자 순서를 바꾸기 어렵다고 하자, 그는 단호하게 말했다. "그럼 방향을 바꿔. 이안무 회장에게 연락해봐요." 이안무는 동기들 사이에서 '왕 회장'으로 불리는 친구다. 전화를 걸자 반가운 목소리가 들렸다. "수부야, 웬일이냐?" 내가 사정을 설명하자 그는 곧바로 분당제생병원의 특정 의사 이름과 전화번호를 알려주며, 자기 이름을 대고 가면 빠르게 수술 날짜를 잡을 수 있을 거라고 했다. 본인도 그 의사에게 수술을 받고 건강하게 골프도 친다며 안심시켜주었다.

나는 바로 그 병원을 찾아가 소개받은 의사에게 진료를 받고, 수술 일정을 확정지었다. 수술 당일 아침에도 또 다른 친구 박영순이 안부 전화를 걸어왔다. 앞날이 막막하고 마음이 가라앉은 그때, 친구들의 배려와 도움은 한 줄기 빛처럼 나를 따뜻하게 감쌌다. 참 고맙고, 잊지 못할 마음이다. 성경 시편에는 이런 말씀이 있다. "내가 사망의 음침한 골짜기를 다닐지라도 해를 두려워하지 않을 것은 주께서 나와 함께 하심이라. 주의 지팡이와 막대기가 나를 안위하시나이다." 하나님은 절망의 골짜기에서 헤매던 나에게 친구들을 동원하여 '지팡이와 막대기'가 되어주시고, 그들을 통해 나를 이끌어주셨다. 나는 그렇게 다시 일어설 수 있었다.

누군가는 묻는다. "그 흔한 수술 하나 가지고 무슨 호들갑이냐"고. 그러나 미국 문필가 존 듀이는 이렇게 말했다. "수필은 인생을 음미하는 삶이며, 모든 인생에는 소설이 있다. 단지 모두가 소설을 쓸 수는 없을 뿐이다." 나는 이 수술을 통해 인생의 또 하나의 굽이를 지났고, 그 과정을 음미하며 글로 남길 수 있음에 감사한다. 수필 강의 중 교수님은 이렇게 말한 적이 있다. "수필가는 단지 사는 사람이 아니라, 삶이 무엇인지 맛보며 사는 사람이다." 그 말처럼 고통도, 슬픔도, 기쁨도 허투루 흘려보내지 않고 그 의미를 곱씹을 수 있다면, 그 삶은 더욱 빛나고 광채가 날 것이다. 내가 겪은 이 여정도 언젠가 누군가의 어두운 골짜기에 조용한 위로가 되기를 바란다.

기도가 이끄는 길

갑작스레 다리가 말을 듣지 않게 된 지 벌써 사십 일이 지났다. 창문 너머로는 계절이 흘러가고 있지만, 나는 지팡이에 의지한 채 방 안에 갇혀 지낸다. 정신은 또렷한데 몸이 따라주지 않는 이 현실이 믿기지 않는다. 평생을 성실히 살아온 나날 속에서, 걷지 못하는 날이 내게 찾아올 줄은 단 한 번도 상상하지 못했다.

다행히도 마지막 수단이라 여긴 수술이라는 방법이 남아 있다. 그것마저도 불가능하다면 진정한 절망이었을 것이다. 동네 정형외과 의사는 수술이 위험하니 피하라고 조언했지만, 고통은 그 조언보다도 현실적이었다. 걷지 못하는 몸을 안고 무작정 참고만 있을 수는 없었다. 수술이 가능하다는 큰 병원의 진단은 내게 새로운 숨을 불어넣어 주었다. 척추병으로 남모르게 고통을 안고 사는 사람이 얼마나 많은가. 나는 지금 그 벼랑 끝에 서 있다.

수술을 앞두고 마음은 하루하루 조심스러웠다. 입원 당일 새벽, 유난히 이른 시간에 눈을 떴다. 3시 48분, 긴장감이 나를 일깨웠다. 마침 교회에서는 특별 새벽기도회가 열리고 있었고, 영상으로 본 교회 본당은 성도들로 가득 찼다. 분당, 일산, 안산 등 먼 거리에서도 새벽 세 시부터 일어나 모여든 성도들, 그들의 믿음은 나에게 깊은 감동을 안겨주었다.

목사님은 며칠 전부터 밤잠을 설쳐가며 설교를 준비하셨다고 한다. 그 정성의 결실로 오늘의 말씀은 빌립보서 4장 6절, "아무것도 염려하지 말고 오직 모든 일에 기도와 간구로 너희 구할 것을 감사함으로 하나님께 아뢰라"는 구절이었다. 걱정을 내려놓으라니. 입원 준비를 하며 떨리는 마음을 감출 수 없었지만, 나는 그 말씀에 마음을 맡기기로 했다. 수술은 의사의 손에 맡겨지지만, 그 손을 인도하시는 이는 하나님이시기에.

내가 수술을 위해 병원에 입원한다는 소식을 시므온3선교회 단체 카톡방에 올리자, 곳곳에서 따뜻한 메시지들이 도착하기 시작했다. 장로님들, 집사님들이 "염려 말아요, 잘 될 것입니다", "하나님이 지켜주실 것입니다"라고 보내온 말들은 내게 눈물겨운 위로가 되었다. 수생반 문우들도 빠짐없이 메시지를 보내왔다. "하루빨리 건강한 모습으로 다시 뵙길 바랍니다." 이 말들이 나의 불안한 마음에 힘을 불어넣었다.

더욱 감동적인 것은 교회 권사님들의 중보기도였다. 석소지 권사님, 오영희 권사님, 김지혜 권사님, 차화순 권사님, 임순덕 권사님... 하루도 빠짐없이 기도하며 위로의 말씀을 전해주셨다. 아내를 통해, 전화기를 통해, 따뜻한 기도가 내게 흘러들어왔다. 작은딸이 다니는 사랑의교회, 큰딸이 출석하는 교회, 손자 민석이가 속한 청소년 모임에서도 "할아버지 수술 잘 되게 해달라"며 기도한다고 전해왔다. 성경에 "너희 중 두 사람이 땅에서 합심하여 무엇이든지 구하면 하늘에 계신 내 아버지께서 이루게 하시리라"고 하신 말씀이 있다. 그렇게 많은 사람들의 기도와 위로가, 하나님의 귀에 상달되지 않을 리 없다.

　그 믿음 안에서 수술실에 들어갔고, 그 믿음대로 나는 수술 후 단잠을 잤다. 다른 환자들이 수면제를 먹어도 잠들기 어렵다 했지만, 나는 약 한 알 없이 평안히 잠들었다. 식사도 잘하고 잠도 잘 자니 회복 속도는 의사들도 놀랄 만큼 빨랐다. 내 인생 2기를 함께하는 수생반 문우들, 교회의 장로님들과 권사님들, 그리고 우리 가족과 그들이 속한 믿음의 공동체. 그들의 기도와 위로의 말들이 내게 이렇게 큰 힘이 될 줄은 미처 몰랐다.

　나는 이 길 끝에서 하나님께서 이끄신 손길을, 그리고 그분이 보내신 사람들의 따뜻한 사랑을 깊이 느꼈다. 그리고 다시 걷게 될 그날을, 함께 글을 나눌 날을, 오늘도 기쁨으로 기다린다.

지옥문

　수술실 앞 입구에 다다르자 서늘한 바람이 살을 스치는 듯한 냉기가 감돌았다. 이동침대에 누운 채 도착한 나는 수술실 문턱에서 휠체어로 옮겨졌고, 그 상태로 안으로 들어갔다. 그 순간의 기분은 마치 죄 없이 도살장으로 끌려가는 듯했다. 수술실 입구의 자동문이 스르르 열리며 나는 안으로 진입했고, 마지막으로 뒤를 돌아보았다. 두 딸이 나를 바라보며 애써 담담한 표정을 지으려 애쓰고 있었다. 나중에 작은딸 서연이가 말하길, "언니는 아빠가 휠체어에 실려 들어갈 때 계속 울고 있었어요"라고 했다.

　수술실 안은 더더욱 살벌한 분위기였다. 이미 세 명의 환자가 휠체어에 앉아 대기 중이었다. 그들의 얼굴은 긴장으로 질렸고, 모두가 노란빛으로 뜬 표정이었다. 마치 죄수들이 사형장으로 끌려가는 모습 같았다. 간호사가 다가와 나의 신분을 재확인했다. "주민등록번호 앞

네 자리를 말씀해 주세요. 성함은요? 오늘 어느 부위 수술하시죠?" 내 옆의 환자들도 같은 질문을 받고 대답했다. 잠시 후, 체격 좋은 남자 직원이 다가와 나를 다시 이동침대로 옮겨 눕히며 "긴장되시죠? 두려워하지 마세요"라고 말한 후 침대를 밀고 안으로 빠르게 이동하기 시작했다.

상당한 시간이 흐르도록 침대는 멈추지 않고 계속 깊숙한 안으로 들어갔다. 수술실 내부가 이렇게나 넓을 줄이야. 천장만 보이는 이동침대에 누워 있으니 방향감각도 잃고, 어디로 향하는지도 모르게 되었다. 천장 조명은 형형색색으로 변하면서 정신을 혼미하게 만들었다. 파란빛에서 빨간빛으로, 다시 황갈색 무늬로 바뀌는 조명은 눈을 어지럽히고 마음을 더욱 두렵게 만들었다. 이곳이 정말 지옥문이 아닐까 하는 생각이 들었다. 단테의 『신곡』에 나오는 지옥문 앞의 문구가 떠올랐다. "이 문으로 들어서는 자여, 모든 희망을 버려라." 희망이 끊긴 세계, 오직 어둠과 절망만이 도사리는 그 문 앞에 지금 내가 서 있는 것이 아닐까.

마침내 침대는 목적지에 도착했다. 조용하던 분위기는 갑자기 분주하고 시끄러워졌다. 나는 겁에 질려 침대 위에 힘없이 누워 있었지만, 주변의 간호사들은 웃음소리와 농담 섞인 말들을 주고받고 있었다. 수술을 준비하는 그들에게는 이 모든 과정이 익숙한 일상이었을 것이다. 그러나 그들의 평온한 모습과 달리, 나는 그들의 눈에 비치지도 않는 공기처럼 느껴졌다. 그때 한 간호사가 내 코에 무언가를 갖다 대며 말했다. "지금부터 마취 들어갑니다." 나는 '이제 정말 지옥으로 떨어지는가' 하는 마지막 상상을 하며 암흑의 세계로 빠져들었다.

어둠은 길지 않았다. 다시 눈을 떴을 때 세상은 밝았지만, 내가 알던 세상과는 전혀 다른 풍경이 펼쳐지고 있었다. 여전히 이동침대에 실린 채 방향감각을 잃은 채로 이곳저곳을 떠돌고 있었다. 현실과 꿈의 경계가 모호했고, 내가 어디에 있는지조차 분간할 수 없었다. 나는 큰딸의 이름을 불러보았다. "아빠, 나 여기 있어요." 딸의 얼굴이 거꾸로 보이다가 희미하게 사라졌다. 둘째 딸 서연이의 이름도 불러보았다. "아빠, 저 여기 있어요." 그녀의 얼굴 역시 또렷하지 않고 희미했다. 눈앞에는 이상한 빌딩들과 낯선 간판들이 마구 뒤섞여 혼란스럽게 나타났다 사라졌다.

그렇게 나는 처음 입원했던 58병동으로 다시 돌아왔다. 시간이 한참 흐른 뒤에야 의식이 서서히 돌아오고, 나는 안도의 한숨을 내쉴 수 있었다. 믿기지 않게도, 그토록 고통스럽던 엉치와 허벅지의 통증이 말끔히 사라져 있었다. 앉을 수도, 걸을 수도, 제대로 잠을 잘 수도 없게 만들었던 시긋지긋한 통증이 깨끗이 사라졌다니, 실로 놀라운 일이 아닐 수 없었다. 만약 이 수술을 받지 못했더라면, 나는 그 고통을 평생 안고 살아가야 했을 것이다. 수술을 받지 못했던 부모세대에 비해, 현대 의료기술의 혜택을 누릴 수 있는 지금이 얼마나 감사한 일인지 절실히 느껴졌다.

큰딸이 내 곁에 앉아 나를 보살피고 있었다. 이 병원은 면회가 제한되지만, 딸은 특별히 양해를 얻어 내 곁에 남아 병간호를 도왔다. "왜 이렇게 발이 얼음장같이 차요?"라며 내 발을 두 손으로 마사지하기 시작했다. 무려 한 시간을 넘게, 그녀는 묵묵히 내 발을 쥐고 문질렀다. 차가웠던 발에 온기가 서서히 돌기 시작하자, 내 눈시울도 함께 뜨거워졌다. 어린아이 같던 딸이 이제는 장성하여 곧 교감 발령을 앞두고 있음에도, 학교 일정까지 조정해가며 아버지 곁을 지키고 있는 모습은 그저 눈물겹도록 고마웠다. "주연아, 고맙다." 그러자 딸이 말했다. "아빠도 저 어릴 때 이렇게 해주셨잖아요." 어느 부모가 자식에게 정성을 쏟지 않겠는가. 하지만 그 사랑을 잊지 않고 기억하며 은혜를 갚으려는 딸의 마음이 나를 더욱 뭉클하게 만들었다. 오후 네 시쯤, 딸은 병원을 떠났다. 면회 시간이 끝났기에 더는 머무를 수 없었다. 나는 혼자 남은 병실에서 수술 후의 고요함을 느꼈다.

　의료기술의 발달은 놀라운 변화를 가져다주었다. 좁아진 척추 뼈 사이를 벌리고 철심으로 고정한 후, 흘러나온 디스크를 제거하는 수술을 통해 통증의 근원을 제거한 것이다. 노령의 나이에, 수술을 받고 마취에서 깨어나 정상적인 생활을 다시 시작할 수 있다는 사실은 그 자체로 기적이었다. 그러나 수술 전에는 혹시라도 마취에서 깨어나지 못하면 어쩌나, 또는 잘못되어 휠체어 신세를 지게 되면 어쩌나 하는 두려움이 머릿속을 떠나지 않았다.

　지금 나는 두 다리로 다시 걷고 있고, 일상으로 복귀할 수 있는 몸이 되었다. 얼마나 감사한 일인가. 수술실 입구에 발을 들여놓던 순간부터 마취에 들어가기까지, 그 짧은 시간은 마치 지옥문으로 떨어지는 듯한 고통과 공포의 연속이었다. 하지만 그 문을 지나고 나니, 다시 살아 숨 쉬는 감사의 시간들이 내 앞에 펼쳐지고 있었다.

작별 인사

　수술을 하기 위해 처음 입원한 58병동 4인실은 썰렁하고 조용했다. 네 개의 침대는 각기 커튼으로 나뉘어 있었고 캐비닛과 간이 냉장고까지 갖춰져 있어 나름 단정하고 청결한 분위기였다. 군인 내무반처럼 잘 정돈된 느낌이었다. 간호사 한 명이 나를 병실로 안내해 환자복으로 갈아입게 하고 내 소지품도 정리해 캐비닛에 넣어 주었다.

　병실에 들어서자마자 내 옆 침대에 있던 환자가 휠체어를 탄 채 조용히 나를 바라보았다. 군에 갓 입대한 신병을 보는 듯한 눈빛이었다. 그는 이미 병원생활에 익숙한 모양이었다. 그가 나를 놀라게 한 것은 그의 왼쪽 다리였다. 무릎 아래까지 절단한 상태였고 오른 발 역시 붕대로 붕대로 칭칭 감겨 있었다. 당뇨병이 심해지면 다리도 절단한다고 말을 들은 적은 있지만 실제로 보니 너무도 비참했다. 그가 수술대에 누웠을 때의 심정은 어땠을까. 두 다리를 의지한 채 휠체어에 앉아 있으면서도 그는 새로 들어온 나를 반갑게 맞아주었다.

머리가 희고 수염도 덮수룩해 처음엔 70대쯤 되는 줄 알았으나 나중에 알고 보니 겨우 예순이었다. 조금 친해진 후에 물어보았다. "어쩌다 이렇게 되셨어요" 그는 조용히 대답했다. "조금 방심했더니 이 지경이 되었습니다." 다리를 잃고 살아가는 그의 모습이 안타깝고 측은했다. 내가 수술을 마치고 병실로 돌아오는 날 한동안 정신을 잃고 헛소리를 하더군요. 따님이 막 울던데요. 효녀예요" 그는 오히려 나를 위로해주었다. "오늘 내일이 제일 힘들어요. 월요일쯤 되면 조금 나아질 겁니다. 너무 걱정하지 마세요"

그의 따뜻한 말에 위로를 받았다. 점점 대화가 이어지며 우리는 조금씩 가까워졌다. "어디에서 사시나요"라고 물었더니 성북동에 산다고 했다. "혼자 살아요. 가족이 없습니다. 어쩌다 보니 결혼을 못 했어요. 형제들은 많았는데 다 죽고 아무도 없습니다" "그럼 집에 가시면 아무도 없으신가요" "네 나 혼자입니다" "그런 몸으로 어떻게 생활하시나요?" 대답이 없다. 혼자 사는 것도 모자라 다리까지 잃은 그의 처지가 너무도 딱하게 느껴졌다. 나는 집에 돌아가면 아내가 있고 딸 둘에 사위들 손자 손녀까지 있다. 내 딸들이 간호해주는 모습을 보고 얼마나 부러워했을까.

바로 앞 침대에 있는 또 다른 환자도 당뇨병 환자였다. 그는 나보다 하루 늦게 입원했는데 그 역시 당뇨병으로 인해 상처가 아물지 않아 썩은 발가락 하나를 절단했다고 한다. 어제 수술했는데 그다음 날부터 걸어 다닌다. 어떻게 발가락 하나를 절단하고도 저렇게 대담할 수 있을까. 복도에서 그를 만났는데 커피잔을 들고 온다. 나를 보더니 "커피 한잔 하실래요"라고 한다. 내가 말했다. "커피는 당뇨병에 나쁘지 않나요"라고 했더니 "블랙은 괜찮아요. 석 잔까지는 마셔도 됩니다. 라고 말하는 그의 성격이 낙천적이라 좋아 보이긴 했으나 그의 앞날이 걱정되었다. 나는 당뇨 환자가 아닌데도 커피를 잘 안 마시지 않는가.

　며칠 뒤 잠시 걷기 연습을 한 후 돌아오니 내 옆에 있는 다리 절단한 당뇨병 환자가 없다. 곧 퇴원한다는 말 들었는데 혹시 인사도 없이 떠났나 싶어 섭섭함이 밀려왔다. 간호사가 있는 본부에 가서 물어보았다. "내 옆 침대 분 퇴원했나요" "아니요. 왜요. 걱정이 되어서 그러시나요" 간호사는 약간 의아하게 생각하며 발한다. "네 걱정이 되어서입니다. 인사도 없이 그냥 떠났나 해서요. 말이라도 나누고 싶었거든요" 조금 있다가 휠체어를 탄 그가 나타났다. 검정 모자를 쓰고 사복을 입은 모습이 낯설게 다가왔다. "퇴원 절차 밟고 왔어요"라고 해서 "그럼 누가 데리러 오나요"라고 물어보았더니 "아니요. 나 혼자 갑니다" "차는요" "장애인 버스가 나옵니다" 퇴원할 때는 으레 가족이 와서 데려가는데 가족이나 친구 없이 혼자 퇴원하는 그의 뒷모습이 가슴에 박혔다.

"안녕히 계십시오"라고 인사를 한 후 휠체어 바퀴를 굴리며 엘리베이터 앞으로 갔다. 그는 자기 집이 있는 서울 성북동으로 간다고 했다. 5층 엘리베이터 문이 스르르 열리고 그는 그 속으로 사라졌다. "안녕히 가세요." 나는 작별의 인사를 건넸다. 분당제생병원 4인실에서 잠깐 함께한 인연일 뿐인데 그가 떠난 자리가 허전하고 쓸쓸했다. 앞으로 다시는 만날 수 없겠지만 그가 살아갈 길이 얼마나 험할지를 생각하니 그날 밤은 잠을 이룰 수가 없었다.

그래도 아무 말 없이 훌쩍 떠나지 않고 마지막 서로 인사의 말이라도 나누고 떠나니 마음이 한구석이 편했다. 이 세상엔 외롭고 불쌍한 사람들이 생각보다 많다. 나는 집에 가면 가족의 품이 있지만 그는 홀로 다리 하나를 잃은 몸으로 다시 세상 속으로 나아간다. 그 삶의 바다는 얼마나 깊고 차가울까. 그가 부디 잘 견뎌내기를 조용히 마음 속으로 기도했다.

리어왕이 부러워할 딸 둘

세익스피어의 4대 비극은 '헴릿' '오셀로' '리어왕' '맥베스'로 알려져 있다. 이 중에서 '리어왕'은 딸들에게 나라를 나누어 주고 효도를 기대했던 노왕의 이야기다. 결국 왕의 말로는 사랑을 속삭이던 두 딸에게 배신 당하고 비극적인 최후를 맞는다. 두 딸을 둔 나에게 이 이야기는 특별하게 기억되고 있다.

40여 년 전 국립중앙의료원에서 둘째 딸을 낳을 때 장모님과 나는 아내의 제왕절개수술 분만상황을 수술실 밖에서 지켜 보고 있었다. 수술이 끝난 후 간호사가 나와 "서운하겠습니다. 또 딸입니다"라고 전한다. 그 말에 장모님은 한숨을 쉬며 몹시 섭섭해하셨다. 첫째도 딸인데 또 딸이니까 아들이었으면 하고 바랐던 모양이다. 나는 원래 아들을 선호하는 사람이 아니었고 딸이나 아들이나 다 똑같이 취급했기에 아무렇지도 않았다. 지금까지도 딸만 있다고 하여 섭섭해 본

적이 한 번도 없다. 오히려 딸이 있으니 더 인정이 많고 세밀하게 효도를 잘하고 있어 만족하고 있다.

 20년 전 척추수술을 했을 때만 해도 60대였기에 나 혼자 걸어가 의사 진료를 받고 수술 결정도 입원 수속도 밟았기에 그렇게 집안이 시끄럽지는 않았다. 그때는 아내가 나의 병간호를 돌보았고 큰딸이 병원 바로 옆에서 근무했기에 거리상으로 가까워 수시로 드나들며 병간호를 해주었다. 그러나 20년이 지난 지금은 상황이 달라졌다. 우선 내가 기동력이 없는 신세가 되었다. 자동차도 폐기 처분한 지가 오래되었고 척추의 아픈 증세도 그때보다 몇 배 심하여 집 밖에서는 한 발짝도 내 발로 걸어갈 수 없게 되어 모든 행동에 제한을 받았다.

 이러한 상황에서 아내가 나의 손발이 되어 주어야 할 텐데 최근에 몸의 컨디션이 안 좋아 나를 간호할 만한 여력이 없었다. 37년간 직장 생활을 하면서 나를 뒷바라지하느라고 멋도 안 내고 오직 집과 직업만이 이 세상의 전부인 양 인생을 살아온 지금은 시력도 떨어지고 당뇨와 고혈압에 시달리고 있다. 그래서 나는 아내한테 이번에는 병원에 일절 나타나지 말라고 당부했다. 만약에 아내까지 병 들면 더욱 힘들어지기에 집이나 잘 지키고 그 대신 딸 둘이 나의 병간호를 맡아 하도록 했다. 이러한 나의 방침에 큰딸과 작은딸 둘은 조금도 불평하지 않고 서로 바쁜 시간을 조정하며 열과 성의를 다하였다.

 우리나라 의료시스템이 세계적이라고 자부해 왔으나 급박한 상황에서 당장 수술할 병원을 찾지 못하는 참담한 현실에 실망했다. 80세 이상 된 사람은 중환자실을 갖춘 대형병원에 가야 한다고 하여 서울대학교병원을 알아보았더니 척추 환자들이 폭주하여 6개월 후에나 예약할 수 있다고 했다. 의료대란까지 겹쳐 요즈음은 119를 불러 타고 가도 뺑뺑이를 돌리며 환자 받기를 거부한다고 하니 어이가 없었다. 수술할 병원을 못 찾아 헤매던 중 작은딸의 형부가 의사라서 그에게 부탁하여 간신히 연세세브란스병원에 예약하는데 성공했다. 큰 기대를 하고 그 병원에 부랴부랴 찾아갔다. 비가 철철 내리는 데다가 어둑살이 내려 앞이 잘 안 보이는데도 작은딸 서연이는 운전을 잘하여 그 복잡한 서울 도심 도로를 요리조리 잘 헤쳐나갔다. 처음 찾아가는 병원인데도 쏟아지는 빗줄기 사이로 희미하게 보이는 핸드폰 내비게이션을 따라 목적지의 병원에 무사히 도착했다.

복잡다단한 대학병원은 규모가 커서 주차장을 찾는데도 분간이 안 되어 한참 걸렸다. 애써 지하 5층 주차장에서 내려 본관으로 가는 엘리베이터를 타려고 하니 초만원이다. 본관 1층에 있는 접수처는 얼마나 넓은지 무슨 광장 같았다. 앞이 안 보일 정도로 죽 늘어선 접수처마다 전국에서 몰려든 환자들로 북적거려 돗데기 시장을 방불케 했다. 아픈 허리를 부여잡고 지팡이에 의지한 채 절룩거리며 나 혼자로는 도저히 접수도 못 하겠는데 딸은 잽싸게 왔다 갔다 하며 순식간에 접수를 마쳐 얼마나 다행이었는지 모른다. 나는 의자에 앉아 대기하고 있으면서 딸 덕을 톡톡히 보는구나 하는 생각에 잠겨 있었다.

접수가 끝나고 예약된 시간에 진료를 받은 결과 수술 날짜를 받아 냈으나 입원 대기 환자가 많아 3개월 후에나 수술할 수 있다고 한다. 통증이 심하여 할 수 없이 다른 병원을 찾아야 했다. 백방으로 노력한 결과 친구의 도움으로 간신히 분당제생병원을 알아냈다. 하지만 서울에서 분당까지는 거리가 멀어 작은딸이 운전을 도맡아 해주지 않았더라면 고생이 이만저만이 아니었을 것이다. 둘째 딸 서연이는 경부고속도로를 달려 입원할 때와 퇴원할 때 운전을 도맡아 해주었다. 수술 당일에도 병원에 왔고 입원하는 기간에도 수시로 드나들며 잔심부름을 해주어 얼마나 고마웠는지 모른다. 퇴원하는 날에도 병원에 일찍 도착하여 퇴원 수속을 밟고 나를 휠체어에 태워 다시 강남재활병원에 입원시켰다.

큰딸은 학교 일에 늘 바빴지만 주말이나 잠깐의 틈만 나면 병원에 달려와 내 곁을 지켰다. 수술 후 허리를 구부릴 수 없어 일상적인 몸 가누기도 힘든 나를 위해 말없이 손을 내밀어 주었다. 내가 불편해하는 작은 몸짓도 놓치지 않고 살펴주었으며 한겨울 병실이 춥다고 하자 두툼한 겉옷을 챙겨다 주었다. 또 단백질이 필요하다면서 직접 반찬을 만들어 꾸준히 가져다 주는 정성도 잊지 않았다. 무엇보다도 큰딸은 책임감이 남달라 아침저녁으로 내 안부를 확인했고 동생에게는 고생한다며 격려의 말을 아끼지 않았다. 또한 혼자 집에 있는 아내까지 챙기며 말 그대로 집안의 큰 어른 역할을 해냈다.

세익스피어의 리어왕은 딸 때문에 불행했지만 나는 딸들 덕분에 차디찬 겨울을 견대내고 새봄을 맞았다. 말로는 사랑을 속삭였지만 행동으로는 배신당한 리어왕에 비하여 나는 다행히 진심으로 부모를 아끼고 돌보는 딸들을 두었다. 그 점에서 나는 리어 왕보다 훨씬 복 받은 사람이 아닐까.

지팡이, 나의 동반자

　엘리베이터를 타고 1층에 도착한 나는 아파트 현관문을 나서려다 그만 바닥에 주저앉고 말았다. 더 이상 다리를 움직일 수가 없었다. 엊그제 병원에서 왼쪽 골반 부위에 주사를 맞았지만, 아무런 효과가 없었다. 담당 의사는 다리와 허벅지까지 이어지는 통증은 오래전 받은 척추 수술 부위의 문제 때문이라고 하며 덧붙였다. "이 병은 고칠 수 없습니다. 평생 지팡이를 짚고 살아야 합니다."

　그 말을 듣자마자 하늘이 무너지는 듯했다. '지팡이'라는 단어가 이렇게 암울하게 다가올 줄은 몰랐다. 평소에도 지팡이를 짚고 다니는 사람들을 보며 왠지 모르게 애잔한 눈길로 바라보곤 했는데, 이제 그게 남의 일이 아닌 내 일이 되어버렸다. 그 의사는 나 같은 환자에게 의욕을 북돋아주기보다, 오히려 마음의 낙담을 안겨준 것 같이 원망스럽기까지 했다. 지팡이를 짚고 다니는 일은 단순히 불편함의 문제가 아니다. 외모에 신경을 써온 나로서는 일종의 상실감, 더 나아가 자존감의 위협이기도 했다.

나이가 들며 포기한 것이 한둘이 아니다. 첫째, 구두를 신지 못한다. 척추 질환에는 구두가 금기라 하여 운동화만 신은 지도 여러 해가 흘렀다. 윤이 반짝반짝 나게 닦아가며 아끼던 구두들은 신발장 안에서 조용히 잠자고 있다. '이 구두들을 다시 신을 수 있을까' 하는 막연한 희망은 이젠 사라졌다. 구두를 대신해 등장한 것이 지팡이라니, 참으로 씁쓸하다. 하지만 원망은 길지 않았다. 결국 이 문제를 내가 어떻게 받아들이느냐에 달려 있었다. 비록 지팡이를 짚고라도 내가 좋아하는 안국동 수생반 모임에 나갈 수 있다면, 그것만으로도 감사한 일이다.

주변 사람들은 자주 말한다. "받아들이세요." 예전엔 그 말이 무슨 뜻인지 몰랐다. 하지만 이제는 안다. 나이 들면 병도 오고, 불편함도 따르는 것이니 괜히 발버둥치지 말고 담담히 받아들이라는 뜻이었다. 젊은 시절처럼 외모에 힘주기보다는, 이젠 내면의 품격과 멋을 가꾸는 일에 더 집중하라는 조언이기도 하다. 딸들도 말한다. "아빠, 지팡이 짚고 다닌다고 누가 뭐라 그래요? 제발 좀 짚으세요." 남들은 별것 아닌 듯 여길지 몰라도, 당사자인 나는 쉽게 받아들일 수 없었다. 하지만 생각해보면 내 나이쯤 되면 지팡이를 짚는 것이 오히려 자연스러울 수도 있다.

시편에도 '우리의 수명은 70이요, 강건하면 80이라도 그 인생은 수고와 슬픔뿐'이라 했으니, 살 만큼 살았다고 여겨도 이상하지 않을 터이다. 그렇게 마음을 바꾸고 나니, 지팡이는 어느덧 나의 분신처럼 다가왔다. 거실에 앉아 있다가 외출하려고만 하면 "여기 있어요" 하며 먼저 나서듯 그 자리에 있다. 처음에는 낯설기만 하던 그것이, 이제는 내 수족의 연장처럼 되어 나를 도와준다. 특히 경사진 아파트 입구를 오르내릴 때, 지팡이 없이는 힘들다. 예전에는 몰랐던 오르막의 고단함이, 지팡이를 짚으면서 조금은 완화된다.

인도를 걷는 일도 만만치 않다. 울퉁불퉁한 보도블록, 빠진 돌 하나에도 걸려 넘어질 수 있는데 지팡이가 있어 위험을 피할 수 있다. 잘 걷는 사람에게도 지팡이는 좋은 안전장치가 될 수 있겠다는 생각이 든다. 또 하나, 걷기 운동을 다시 시작할 수 있게 되었다. 내가 사는 아파트 단지를 한 바퀴 돌면 약 300미터, 열 바퀴면 3킬로미터가 된다. 오전과 오후로 나누어 걷는다면 하루 6킬로미터의 걷기 운동이 가능하다. 지팡이는 단순히 짚는 도구가 아니라, 나의 건강을 지켜주는 조력자가 되어가고 있다.

하지만 불편함도 없진 않다. 한 손은 지팡이에 묶여 있으니 다른 손으로 가방을 드는 일이 쉽지 않고, 비 오는 날엔 우산까지 들어야 하니 양손이 다 묶인다. 수요일이면 집 쓰레기를 버리는 날인데, 그것도 만만치 않은 일이다. 그러나 시간이 흐르면 나름의 요령이 생길 것이다. 중요한 것은, 나는 다시 햇빛을 볼 수 있게 되었다는 사실이다. 방 안에만 갇혀 살 뻔한 나날에서 벗어난 것만으로도 감사하다.

　나는 내 인생을 이렇게 나누어본다. 직장에 다니며 일했던 시절은 제1의 인생기, 은퇴 후 활동했던 시간이 제2의 인생기라면, 이제 지팡이와 함께하는 이 시기는 제3의 인생기다. 나는 이 제3의 인생을 '지팡이 인생기'라 부르기로 했다. 영어에는 지팡이를 뜻하는 단어가 두 가지 있다. 하나는 스틱stick, 다른 하나는 스태프staff다. 스틱은 단순한 지지용 막대지만, 스태프는 참모, 인도자, 또는 신적 권위를 상징한다. 출애굽기에서 모세가 들고 있던 지팡이는 바로 이 스태프다. 하나님은 그 지팡이를 통해 기적을 일으키셨고, 백성을 인도하셨다. 바위를 쳐서 물을 내고, 홍해를 가르던 그 지팡이는 단순한 도구가 아니라 '하나님의 뜻'을 실현하는 통로였다.
　목사님은 설교 중 이렇게 말씀하셨다. "모세가 든 지팡이는 말씀의 지팡이입니다. 그것은 우리의 삶을 인도하는 하나님의 도구입니다." 나는 믿는다. 지금 나에게 주어진 이 지팡이도 단순히 넘어지지 않게 돕는 도구가 아니다. 이 지팡이는 내가 다시 한 번 삶의 바다를 항해할 수 있도록 인도하는 말씀의 지팡이, 바로 staff다.

　이제 나는 다시 항해를 시작한다. 제3의 인생이라는 바다를 향해, 내 손에 들린 이 지팡이와 함께. 그리고 나는 믿는다. 이 지팡이는 나를 넘어지지 않게 붙들 뿐만 아니라, 앞으로 나아가야 할 길을 밝혀주는 동반자가 되어줄 것이다.

황혼기의 나, 길에 선 나무

책 제목은 작가의 심장을 밖으로 꺼내는 일이다. 짧은 문장이 독자의 시선을 붙잡고 그 세계로 이끄는 문턱이 되기에 나는 매번 그 문턱 앞에서 서성이게 된다. 책 제목은 사람의 얼굴과 같아서 서점에서 표지만 보고 책을 고르는 경우가 많다. 그만큼 신중하지 않을 수 없다.

수필집을 완성한 후에는 목차에 있는 수필 제목 가운데 하나를 골라 전체 제목으로 삼곤 한다. 제1집은 '댓돌 위의 갈색 구두'였다. 내용이 아내에 대한 이야기라서 몇 번 망설이다가 결국 냈다. 제2집은 '진주반지'이며 딸에 관한 글이라 역시 망설였지만 결과적으로 무난히 지나갔다. 작년에 펴낸 10집 제목은 '길에 선 나무는 웃지 않는다'였다. 책을 다 만들어 놓고도 마땅한 제목이 떠오르지 않아 한때 유행했던 노래 제목을 가져다 써보았다. 그리고 문학을 지도해 주시는 교수님께 보여드렸더니 제목을 바꾸어 주었다. 지금까지는 너무 평범하고 단순한 제목 일색이었던 것에 비하면 내가 바라는 문학성이 짙은 제목이었다. 무엇인가 독자가 상상할 수 있는 여지와 호기심을 자아내는 제목이어서 마음에 들었다.

그렇기는 하지만 그 의미가 뚜렷이 와 닿지 않았다. 수필집 안에서 직접 다룬 내용도 아니었기 때문에 혹여 독자들이 그 뜻을 물어보면 어떻게 답해야 할지 몰라서 교수님께 그 의미를 여쭈었다. 교수님은 '생태환경의 파괴, 오염으로 웃을 수 없는 현실을 고발하는 문명비판의 의미가 담겨 있다'라고 했다. 설명을 들으니 얼추 이해는 되었지만, 독자들에게 좀 더 쉽게 전달할 방법은 없을까 고민한 끝에 내 나름대로 다시 해석해보았다. 맑은 공기와 푸른 숲의 품을 떠나 도시 길가에 서 있는 나무는 찬바람 맞으며 외롭게 서 있다. 어쩌면 그것은 나의 모습이기도 하다. 인생의 황혼기를 맞이하여 찬란했던 청춘의 낙엽들을 다 떨구고 이제 마지막 길을 바라보고 서 있는 내 삶의 나무는 길에 선 나무처럼 웃을 수 없는 나의 모습이 아닐까.

책이 발간되고 독자에게 전달된 후 다행히 제목에 대한 질문은 거의 없었다. "책 잘 받았습니다"라며 감사의 뜻만 전할 뿐 제목에 대해 묻는 것은 작가에 대한 예의가 아닌 듯 물어보고 싶어도 참는 분위기였다. 그러던 중 교회 권사님 한 분이 말했다. "책 참 잘 읽었습니다. 그런데 다 읽어봐도 제목에 관한 내용이 없어 그 뜻을 알기가 어렵네요" 그래서 교수님의 해석대로 "환경 파괴와 문명비판의 의미"

라고 전하자 "아 그렇군요" 하고 고개를 끄덕였지만 어디까지나 예의의 수긍처럼 보였다.

   나는 수필집의 마지막에 꼭 독자의 후기를 실어둔다. 책을 받아본 후 정성껏 독후감을 보내주는 몇몇 애독자들이 있다. 그들의 글을 읽다 보면 평론가 못지않게 뛰어난 표현력과 통찰이 담겨 있어 읽을수록 흥미롭고 감동이 된다. 독후감은 비평이 아니라 애정을 담은 독자의 목소리이기에 나는 그 글을 자주 꺼내 읽으며 용기를 얻는다. 그때마다 그 글을 통해 더욱 자신감을 갖게 되고 또한 글을 더욱 열심히 써서 그들의 성원에 보답하기 위해서라도 수필집을 계속 발간해야겠다는 의욕도 생기곤 한다.

   독자가 써준 글을 읽어보면 책 제목에 대한 여러 가지 좋은 의견들이 나와 있다. 뷰즈헤어 K씨는 '책 제목도 많은 고민을 하셨을 것 같은데요. 뭔가 예술적인 느낌과 의미심장한 뜻을 내포하고 있는 듯합니다'라고 했다. 미국에 있는 아내 친구 H씨는 "책 제목이 너무 멋있고 표지 그림 또한 좋았습니다. 저는 무엇을 깊이 생각하는 사람이 아니지만 한 마디 던져놓으신 '길에 선 나무는 웃지 않는다'라는 말은 깊어가는 가을에 낙엽을 우수수 다 떨어뜨리고 홀연히 서 있는 나무들을 보며 많은 생각을 했습니다"라고 표현했다. 각각 나름대로 알맞은 해석들이었고 나 역시 공감이 되어 느낀 바가 많았다. 교회 안수 집사 K씨는 '길에 선 나무는 왜 웃지 않을까. 웃으면 안 되는 이유가 뭘까. 누가 웃지 말라고 했나 등 많은 것을 생각하게 해서 본문을 찾아봤지만 내용이 없어 더욱 여러 가지로 상상의 나래를 펼쳐보았습니다'라고 썼다.

    문학에는 정답이 없다는 말이 있듯이 어떠한 해석을 하던 독자의 상상은 자유이니 어떻게 생각하든 상관없다. 지금 내가 보는 그 나무는 비록 웃지 않고 있지만, 생명이 없는 나무는 아니다. 웃지 않지만, 무엇인가 깊은 생각에 잠긴 나무, 내년에 새싹을 틔우기 준비를 하고 있는 나무는 웃을 여유가 없을 뿐 성장의 시간을 살아가는 중이다.

    그 나무는 언젠가 다시 무성한 잎으로 푸른 옷을 입고 풍성한 열매를 맺을 것이다. 비록 길가에 서 있지만 꿈과 희망을 잃지 않고 꼿꼿하게 살아 있는 나무, 웃고 있시는 잊지만 결코 성장을 멈추지 않은 바로 그런 나무가 아닐까.

수필나무가 자라는 곳

봄볕이 들자 일부 꽃나무들이 조심스레 숨을 쉬기 시작했다. 그러나 상당히 많은 화분 속의 나무들이 지난 겨울을 견디지 못해 시들어 버린 채 누워 있다. 계절이 바뀔 때마다 나만의 작은 정원에서는 작은 생과 사가 반복된다. 지난 겨울에 관리를 잘 못한 결과 그중 상당수가 죽었다. 베란다에 있는 얼마 안 되는 이십여 종의 나무 중 중앙에 있는 군자란은 잘 자라 금년 봄에도 어여쁜 주황색 꽃을 피워 아파트 거실을 환하게 빛내주었다. 하지만 그 옆에 있는 관음죽은 잘 자라다가 금년 봄부터 잎사귀 한 쪽이 시들하더니 결국 죽고 말았다. 10년 이상 자라던 나무가 이유 없이 죽어갈 때 얼마나 마음이 아팠는지 모른다.

언젠가 서울대학교 치과병원 대기실에서 벽 한면 전체를 푸른 나뭇잎으로 덮어 놓은 장면을 보았다. 실내에 저렇게 넓디넓은 부분을 실물과 분간할 수 없을 만큼 완벽하게 나뭇잎으로 감쌓았으니 조화 기술이 참으로 놀랍게 발전했다고 탄복했다. 그래도 혹시나 생화가 아닌가 반신반의하면서 살짝 만져보았다. 느낌이 이상하다. 조화치고는 싱싱한 감촉이 느껴진다. 다시 한번 만져보았다. 분명히 생화였다. 깜짝 놀랐다. 몇 번을 확인했어도 마찬가지였다. 수백 그루의 '스킨답서스'를 화분에 담아 옆으로 벽에 설치했다, 잎으로만 쌓여 있어서 안 보이던 화분 수백여 개가 벽에 붙어 있었으며 각 화분마다 촉촉한 흙으로 채워져 있었다. 그 많은 화분들을 어떻게 관리하며 물을 주는지 모르겠다. 나는 얼마 안 되는 우리집 베란다의 꽃나무도 관리를 잘 못하여 실수를 하는데 얼마나 기술이 좋으면 이렇게 아름답게 키울 수가 있을까.

이 아파트에 이사 오기 전에 딸이 살았었는데 사위가 앞 베란다에 각종 꽃나무들을 많이 가꾸어 놓았다. 얼마 후 딸 가족은 이사를 갔고 그들이 떠난 뒤로는 별 관심을 두지 않은 채 거의 방치하다싶이 하다가 어느날 자세히 보니 그 아름다운 나무들이 제멋대로 자라 가지들이 서로 엉키고 보기 흉한 몰골을 하고 있다. 선인장의 줄기와 잎이 마구 자라서 옆의 화분에 있는 나무를 침범하여 엉겼다. 이 꽃나무들이 나를 얼마나 원망하고 있었을까. 서울대학교 병실 벽에 설치해 놓은 나무의 아름다운 모습을 보아라. 햇빛도 안 들어오는데도 푸르른 빛을 발하며 얼마나 생생하게 잘 자라고 있는가.

그 이후 서울대학교 병원 내에 가꾸어진 그림 같은 화단은 아니더라도 최대한 노력하면 내 집 안의 정원 정도는 가꿀 수 있지 않을까 하고 평소 생각해오고 있었다. 그러다가 우연히 집으로 매달 배달되는 월간 잡지를 이리저리 뒤척이다가 눈에 띄는 기사가 떴다. '나만의 반려식물 가꾸기'라는 제목의 글이 눈에 들어와 읽어보았다. 요즘 반려동물로 개와 고양이가 많이 사랑을 받고 있어 밖에 나가기만 하면 온통 강아지 천지다. 그 이름도 개라고 하면 안 되고 '애완견' '반려견' 등 애칭을 써야 할 정도다. 나는 반려동물은 싫고 식물을 사랑하는 식집사가 되고 싶다. '식집사'란 월간지에서 처음 읽어 본 용어인데 반려동물을 돌보듯 정성을 쏟아 식물을 키우는 사람을 말하는 신조어라고 한다.

꽃이 좋아 키우고 싶지만 남들처럼 아름답게 가꾸지 못해 화사한 이웃들의 화분들을 보면 부러움이 밀려든다. 금년 봄에 죽은 나무나 시들어 죽게 생긴 나무들은 뽑아 버리고 새 꽃나무들을 사서 심었다. 얼마 안 되는 빈약한 꽃동산일망정 남들이 반려동물을 사랑하는 것 못지 않게 정성과 애정을 쏟고 있다. 아침에 일어나면 베란다의 꽃동산으로 간다. 먼저 이십여 그루의 화초가 이상 없이 잘 자라고 있는가를 확인한다. 저마다 나에게 인사를 한다. "안녕하세요. 주인님, 어제 물을 흠뻑 주셔서 생기가 돕니다. 그리고 햇볕 좋은 곳에 배치해 주셔서 탄소동화작용도 활발히 하여 혈액순환도 잘 되고 있습니다." 리고 밀하며 방긋방긋 환하게 웃는 모습으로 나를 대하는 꽃나무들은 어느덧 나의 친한 친구가 되었다. 심심할 때 나의 외로움을 달래주고 글 쓰다가 지치면 눈의 피로를 풀어주는 등 나의 친구요 인생의 조력자가 되었다.

베란다의 꽃들이 나에게 친구가 되어준 지금 문득 내 마음속에도 그런 꽃들이 자라고 있음을 느낀다. 내 마음 밭에도 꽃동산이 있다. 예쁜 꽃도 있지만 미운 꽃도 있다. 정직의 나무, 겸손의 나무, 헌신의 나무, 신념의 나무, 소망의 나무 같은 긍정의 나무가 있는가 하면 교만의 나무, 이기심의 나무, 불신의 나무, 절망의 나무 같은 부정의 나무도 있다. 긍정의 나무는 향기가 있고 밝은 빛을 발하고 있지만 부정의 나무는 잎이 시들고 말라비틀어져 있다, 잠시만 방심하면 분노의 잡초가 무섭게 자라 순식간에 퍼져 양질의 나무 양분을 빨아먹고 해친다. 불필요한 잡초는 과감히 뽑아버려야 한다.

저 한 켠에 내가 가장 사랑하는 수필나무가 조용히 잎을 흔들고 있다. 나는 이 나무에 매일매일 물을 주고 햇빛도 강하게 받도록 위치도 조정해주며 정성을 다하고 있다. 나는 그 나무 앞에 서면 겸손해진다. 이 나무는 말없이 피어나고 조용히 열매를 맺는다. 내 마음의 꽃동산에 심어놓은 수필나무는 여전히 글이라는 꽃을 피우며 조용히 나를 위로하고 성장시킨다.

어둠을 건너는 빛처럼

문득 다시는 글을 쓰지 못할 수도 있겠다는 생각이 들었다. 지난 8월 중순 갑작스러운 허리 통증으로 한 발짝도 걸을 수 없게 되어 그동안 준비하고 있던 수필집 집필을 중단했다. 이제 나의 글쓰기가 여기서 끝나는구나 하는 절망 속에서 마지막으로 기도를 드렸다. '주님, 수필을 좀 더 쓰고 싶습니다. 글을 쓸 수 있도록 살려주세요. 간절한 기도가 이루어졌는지 수술이 성공적으로 끝났고 건강을 회복하여 이렇게 수필을 쓸 기회를 얻은 것에 대해 하나님께 무한한 감사를 드린다.

분낭제생병원 58병동 4인실에 처음 입원했을 때 산뜻하게 정돈된 침대 4개와 각각 관물함, 미니 냉장고가 갖추어진 모습은 병원이라기보다 마치 군대 내무반 같은 느낌을 주었다. 군 생활을 하면서 진후방을 오가며 자주 전출을 다녔기에 새로운 부대에 도착해 장교숙소에 짐을 풀고 가족과 헤어졌던 막막한 감정이 떠올랐다. 수술을 이틀 앞두고 긴장한 마음으로 간호원의 안내를 받아 입원실에 들어섰다. 간단한 신체검사를 거친 뒤 4인실로 안내를 했고 담당 간호사는 내 짐을 차곡차곡 관물함에 정리해주었다.

잔뜩 긴장한 나에게 가장 먼저 말을 걸어준 이는 휠체어를 탄 한 환자였다. 나보다 먼저 입원한 그는 자연스럽게 선배가 되었고 어디서든 먼저 온 자가 선배일 수밖에 없다는 것을 새삼 느꼈다. 그는 오른쪽 다리가 절반밖에 남지 않은 상태였다. 당뇨로 인해 절단했다고 한다. 당뇨 환자가 심할 경우 다리를 절단하기도 한다는 이야기는 들은 적 있지만 실제로 마주하니 섬뜩함이 몰려왔다. 수술을 마치고 헛소리를 하며 진통을 견디던 내 곁에서 그는 '하루 이틀만 견디면 점점 좋아진다'라며 진심 어린 위로를 건네주기도 했다. 덕분에 수술 후 2주가 지나 퇴원할 수가 있었다.

분당제생병원에서 퇴원한 뒤 곧바로 집에 가기에는 불편할 것 같아 며칠간 대치동의 재활병원에 다시 입원해 치료를 받았다. 이곳도 4인실이었지만 분위기가 사뭇 달랐다. 내 앞 병상에는 척추수술이 잘못되어 하반신을 움직일 수 없는 환자가 있었고 그는 24시간 간병인의 도움을 받아 식사하고 대소변을 해결했다. 평생 누워 지내야 하는 그의 모습은 처음 접하는 광경이었다. 수술이란 것이 잘못하면 그토록 무서운 결과를 낳을 수도 있다는 사실을 새삼 실감했다. 수많은 사람이 매일 같이 수술대에 오른다. 어떤 이는 호전되어 일상으로 복귀하지만 어떤 이는 이렇게 비극적인 결과를 안고 살아간다. 수술실에 들어가던 날 전신마취 직전의 서늘한 수술실 분위기는 섬뜩했다. 여든을 넘긴 나이에 혹시라도 휠체어 신세가 되지 않을까 하는 두려움이 엄습했지만 담담하게 받아들일 수밖에 없었다.

수술하기 위해 병원에 입원하기 얼마 전이다. 수술을 앞두고 불안한 마음으로 아파트 벤치에 앉아 있었는데 한 중년 여성이 반려견과 함께 산책하다가 나를 보고 말했다. "혹시 고수부 님 아니세요" "네 그런데 어떻게 제 이름을 아시죠" "수필집을 읽었습니다. 글을 참 잘 쓰셨어요" 깜짝 놀랐다. 준 적도 없는데 내 책을 읽었다니 "다음 수필집도 교보문고에서 구입할 수 있을까요"라고 묻기에 집으로 돌아와 수필집 두 권을 챙겨 드렸다. 며칠 뒤 고급 과일 한 상자가 곱게 포장되어 우리집 아파트 경비실에 도착했다. 주소를 몰라 감사 인사도 제대로 전하지 못했다.

재작년에는 남산타운아파트 헬스장에서 처음 본 PT 담당자가 제2집 『진주반지』를 읽었다고 했고 얼마 전 새로 부임한 아파트 경비 아저씨가 나를 알아보고는 "고수부 작가 아닙니까"라고 물으며 역시 수필집을 잘 읽었다고 말했다. 글을 열심히 써서 출간하면 직접 건네지 않아도 이디신가 누군가에게 읽히고 있다는 사실을 그들을 통해 알게 되었다. 내 친구들은 대부분 골프를 즐긴다. 푸르고 광활한 잔디밭 위에서 멋진 유니폼에 하얀 모자를 쓰고 골프채를 휘두르는 그들의 모습은 실로 환상적이다. 반면에 나는 비좁은 아파트 서재에서 컴퓨터 화면에 시선을 고정한 채 지나간 추억을 더듬으며 하고 싶은 이야기를 한 줄 한 줄 써 내려간다. 그야말로 상상의 나래를 펼치며 '미하이 칙센트미하이가' 쓴 『몰입의 즐거움』 속으로 빠져드는 느낌이다.

내가 수필을 쓰게 된 동기는 정년퇴직 후 남은 세월을 무의미하게 보내고 싶지 않아서였다. 책을 읽고 글을 쓰며 그 결과물로 수필집을 펴내는 일이 제2의 인생을 보람 있게 만드는 길이라 여겼다. 또 적지 않은 독자들과의 교감을 통해 받은 피드백은 내 건강과 삶의 활력에도 큰 도움이 되었고 노후를 더욱 풍요롭게 해주었다.

이러한 나의 소박한 꿈이 한순간에 무너질 뻔했다. 하시만 위기 속에서 건강을 회복하고 이렇게 다시 글을 쓸 수 있게 된 지금 나는 깊이 감사한다. 어둠을 건너는 빛처럼 여든의 나이에 '위태로운 수술'이라는 어둠의 터널을 지나온 나는 이제 인생의 제2막을 새롭게 열어간다. 그리고 이 글쓰기는 앞으로도 누군가의 마음에 작은 빛이 되어 닿기를 바라며 나의 하루하루를 채워갈 것이다.

5부

독자 후기

『길에 선 나무는 웃지 않는다』를 읽고

부부리더십연구소 소장 이성만·김인자

고수부 선생님, 안녕하세요 선생님과 사모님 모두 건강하시지요. 10번째 수필집 출간을 진심으로 축하합니다. 어제 퇴근을 하고 집에 오는데 우편함에 반가운 선생님의 10번째 수필집이 담겨 있었습니다. 법원에서 80대 노부부의 이혼소송 사건을 조정하면서 느낀 아픈 마음을 크게 보상받은 것 같았습니다. 귀한 수필집 보내 주셔서 감사드립니다. 어젯밤 책을 끝까지 다 읽을 무렵 독자 후기란에 저희 글이 있었는데 기분이 참 좋았습니다. 부족한 글이지만 실어 주셔서 큰 영광이라 생각됩니다.

그리고 사모님을 위한 주방공사는 참으로 잘하신 것 같습니다. 역시 일등 남편임에 틀림이 없습니다. 또한 선생님께서 정든 SM3를 폐차시켜 아쉬움이 많으시겠습니다. 저희노 앞으로 5년만 더 운전하기로 마음을 먹었는데 선생님이 읽으셨던 '80세의 벽'을 읽으면서 운전을 하는 데 용기를 가지라는 내용을 보면서 앞으로 15년 동안 운전하기로 마음먹었습니다. 3개월 전에 그 책을 읽었습니다.

선생님의 귀한 책을 알뜰하게 다 읽었습니다. 구절구절 와닿는 부분이 참 많았습니다. 저희는 선생님이 건강하게 장수하셔서 15번째 수필까지 선물로 받고 싶습니다. 선생님의 글을 통해 아름답게 사시는 모습을 많이 배우고 있습니다. 오늘도 아침 일찍 법원에 출근해서 이혼소송과 상속재산분할 사건 등 가사사건을 조정한 후 늦게 퇴근하느라 답이 늦었습니다.

선생님의 건강과 가정에 늘 행복이 함께 하시길 기원합니다. 감사합니다,

제10수필집을 읽고

뮤즈헤어 김순규

　입동도 지나고 스치는 바람이 옷깃을 여미게 하는 본격적인 겨울입니다. 가을비인지 겨울비인지 주적주적 비가 오더니 기온이 뚝 떨어졌습니다. 봄부터 달려 어느덧 올해도 달력 두 장만 남겨놓은 시점이네요. 작가님 제10수필집 너무너무 잘 읽었습니다. 발간을 고민하신다고 하셨지만 저는 기다리고 있었습니다.

　'길에 선 나무는 웃지 않는다' 책 제목도 많은 고민을 하셨을 것 같은데요. 뭔가 예술적인 느낌과 의미심장한 뜻을 내포하고 있는 듯합니다. 제가 약수동을 떠나온 지도 벌써 꽉 찬 2년 됐습니다. 가끔같이 일했던 사장님 내외분을 만나러 약수에 가곤 하는데 지난번에는 선생님께서 독자 후기를 제10수필집에 실어도 되겠냐며 물어오셨다기에 너무너무 반갑고 건강하게 잘 지내시고 규칙적으로 자기관리를 잘하고 계시는구나 너무너무 감사했습니다. 카카오톡으로 후기를 올려주시면 영광이지요라고 답 드리고 책이 언제 나올까 기다리고 있었습니다.

먼저 내용에 꽂히는 건 선생님도 늘 애착이 있으신 서주레지던스에 저 또한 깊은 관심이 있습니다. 따님 두 분 이름을 한 글자씩 따와서 주택 이름도 이쁘게 지으시고 이름만큼이나 깔끔하게 관리하시는 모습에 단독 주택 소유자에 대한 부러움이 다시금 올라옵니다. 볕이 잘 드는 밝은 서재에서 읽고 싶은 책도 한없이 읽고 사색도 하고 지나온 흔적을 나열하여 각종 사진과 상패를 전시해놓고 과거도 추억하며 몸도 마음도 휴식할 수 있는 따스한 공간임이 느껴집니다. 저도 호기심이 대단한 것이 선생님께서 공병 장교로 근무하신 경험을 살려 정성스럽게 계획하여 지으셨다는 서주레지던스가 무척이나 궁금했습니다. 그래서 네이버 지도에 검색을 해보니 역시 나옵니다. 거리뷰로 가본 듯 생생히 구경할 수 있었습니다. 물론 제일 궁금한 서재가 있는 내부를 들어가 볼 수는 없지만 외관이라도 볼 수 있다는 것에 만족하고 참 좋은 세상이구나 다시 느낍니다. 선생님께서 안 보여주셔도 혼자 구경 잘했습니다. ㅎㅎ

선생님은 적당한 시기에 자가용 정리를 잘하신 그것 같아요. 노령 운전자들의 사고가 많이 발생한다는 뉴스를 접할 때마다 안타깝고 아찔할 때가 한두 번이 아니었어요. 저희 아버지도 운전면허를 1종으로 취득해서 트럭도 운전하시고 시골에서 트랙터에 승용차까지 몇 대를 굴리셨는데 연세 드시고 면허 갱신이 거부되고 더 작은 도시로 원정까지 가서 1종 보통면허에서 2종보통면허로 등급을 낮춰서 갱신을 해 오셨더랬죠. 결론은 그러고 얼마 안 돼서 두 번이나 제동장치 조작 미숙으로 작은 사고가 발생하고 나니 아버지도 이제는 안 되겠

다고 마음 정리를 하시더라고요

　사고는 아버지 혼자 경미하게 난 거라 천만다행이고 혹시라도 시내라도 나가서 인사 사고라도 났으면 어쩔 뻔했는지…. 그렇게 스스로 운전을 정리하시더라고요. 어르신들이 운전을 정리하는 건 큰 결심이 있으셔야 하는 듯합니다. 이제는 운전도 못 한다고 하시며 괜한 자존심 상실로 이어져 우울해하시는 것 같아요. 그때 우리 자매들은 자동차보험, 세금 각종 유지비에 자가용 굴리는 것보다 택시 타시는 게 비용면에서나 안전효율 면에서도 훨씬 저렴하다고 위로해드렸지요. 선생님은 사모님께서 좋은 차로 유혹하시는데도 안전을 위하여 적당한 시기에 명예롭게 자가용으로부터 은퇴하셨으니 이것 또한 깔끔한 정리 존경합니다. 선생님과 저희 아버지 미국 바이든 대통령 동갑이십니다. 우연치고는 재미있네요

　'노년과 노화'에서 노년은 평등하게 오지만 노화는 평등하게 오지 않는다고 기록하신 것을 보고 저는 탕 한 대 맞은 듯한 느낌을 받았습니다. 100세 시대라고 하는데 자기관리가 얼마나 중요한지요. 건강한 노후 젊어 보이며 탄력 있는 몸을 유지하고 경제력도 적당히 갖춰 삶의 질이 떨어지지 않는 완벽한 준비 누구에게도 로망일 것입니다. 저는 세상일에 정신을 빼앗겨 판단을 흐리는 일이 없다는 뜻을 가진 불혹이 지났지만 관리식이 필요한 먹는 것, 자신의 의지력과 싸움, 운동, 세상의 바른 눈으로 봐야 하는 지혜 뭐하나 제대로 돌아가는 게 없이 나이를 거꾸로 먹는 듯할 때가 많습니다. 한창 일할 나이

라 핑계 댈 게 많아서 그렇겠지요. 그래서 우선적으로 생각을 정리하는 사색, 다 비워낸다는 명상, 타인의 지식을 배우는 독서가 필요한 것 같아요. 노년과 노화를 읽으며 내 삶을 다시금 재정비하는 시간을 갖게 되었습니다. 계획한 대로 잘해나가기를 다짐해봅니다.

'돌멩이가 날아온다' 속이 시원합니다. 상대를 다치게 해서 사과를 해야 하는 상황도 도래했지만 저는 통쾌했습니다. 덩치 큰 놈이 동급생을 괴롭히고 까불러 치다 제대로 얻어맞은 꼴이 저는 성경 사무엘상을 읽는 줄 알았습니다. 다윗이 물매를 던져 골리앗을 쓰러트리는 장면이 그대로 연상됐습니다. 나를 지키는 방어 공격!!

'한줄기의 그 빛'은 자신이 하고 있는 일에 확신과 신앙이 있는 자로서 성숙한 믿음이 어려운 프로젝트를 성공적으로 마무리할 수 있었음을 느낄 수 있었습니다. 또한 생생한 간증을 할 수 있도록 계획을 이끄시는 분은 오직 하나님이다는 믿음이 없이는 우연으로 치부해 버릴 귀하고 감사한 사건으로 남아 있을 테지요. 독자인 제가 책을 읽으며 감사했습니다. 할렐루야!!!

책을 진작에 다 읽고 후기를 쓴다고 시작해놓고는 차일피일 미루다가 이제야 마무리하게 됐습니다. 시작할 때 입동 무렵이었는데 곧 소설을 지나 대설로 가고 있습니다. 올해는 선생님의 따스한 수필집을 읽으며 푸근한 겨울을 맞이할 수 있었습니다. 하루하루 세기고 새로운 추억과 생각을 정리하고 기록하고 메일에 감사함으로 살아가시는 선생님의 온화함을 닮겠습니다. 선생님과 사모님 두 분 늘 건강하시길 기원하겠습니다.

읽기 쉬운 수필집

3대 교구장 김지혜

고수부 집사님의 10집을 너무 감동 받으면서 시간 날 때마다 읽었다. 사흘 만에 다 읽었다. 어느 도서보다 난 읽기 쉬운 수필집을 좋아한다. 그런데 고 집사님의 수필집은 더 쉽다. 삶에서 느껴지는 일상이 나이 들어가면서 공감하고 있다. 몇 년 전만 해도 고 집사님의 책은 그냥 받아서 보관할 정도였다. 지금 생각해보니 너무 죄송한 마음이 든다. 이렇게 힘들게 자비 들어가면서 인쇄하시고 주신 책이었는데~~~

그냥 고 집사님이 심심해서 책을 쓰셨나보다 생각하고 가볍게 여겼습니다. 내가 돈 주고 사는 것도 아니고 교회에서 그냥 나눠주는 공짜 책 별 의미를 두지 않았습니다. 그런데 이제 60을 바라보면서 10집 수필집을 읽고 너무 감명받았습니다. 고 집사님의 단단한 신앙생활과 책을 사랑하는 마음이 고스란히 묻어났습니다. 집사님께 그동안 읽지 못한 수필집을 받을 수 있냐고 여쭤보고 직접 사인까지 해서 몇 권의 책을 받았습니다. 지금 나의 공허함을 수필집으로 채워보려

합니다. 삶의 도움도 되고 도전도 받습니다.

    지금 내가 겪고 있는 이 시련은 아무것도 아님을 깨달았습니다. 전쟁을 겪은 것도 아니고 생사를 같이했던 전우를 잃은 적도 없고 비행기를 보고 공포스러웠던 시절도 없는 난 그저 감사함으로 하루하루를 살아가고자 다짐합니다. 고 집사님 주님이 이제 쉬라고 하실 때까지 계속 집필하시고 11집, 12집, 13집~~ 많이 기대하고 기다리겠습니다. 그동안 눈인사만 했던 집사님이셨는데 이젠 편하게 안부 전하면 인사할 수 있겠어요.

    나머지 수필집도 잘 읽고 공감하겠습니다.

편한 마음으로 쉽게 읽을 수 있는 글

미국 거주 아내 친구 안희자

사랑하는 친구 영자에게

그리운 영자야! 얼마 만에 불러보는 이름이냐. 이렇게 멀리 떨어져 있는 나에게 해마다 남편께서 쓰신 수필집을 보내주고 사랑을 보내준 너와 고 작가님께 감사한 마음 가득하다.

우선 고 작가님의 제10수필집 발간을 축하합니다. 책 제목이 너무 멋있고 표지 그림 또한 너무 좋았습니다. 저는 무엇을 깊이 생각하는 사람이 아니지만 한 마디 던져놓으신 '길에 선 나무는 웃지 않는다'는 말은 깊어가는 가을에 낙엽을 우수수 다 떨어뜨리고 홀연히 서 있는 나무들을 보며 많은 생각을 했습니다.

고 선생님 항상 감사하고 모든 면에서 모범적이며 실천력이 뛰어나고 목표를 향해 전진하는 모습에서 많은 이들에게 표본이 되시고, 감탄을 자아내지 않을 수 없습니다. 제가 1권부터 10권까지 읽는 동안 느낀 점은 학생들과 젊은이들이 고 작가님의 수필집을 필히 읽었으면 좋겠다는 생각을 많이 했습니다. 모든 가정생활, 사회생활에서 또 자기관리와 계발에서 배울 점이 많기 때문입니다.

저의 남편도 대단한 분이시다며 여러 번 말했습니다. 작가님 건강 챙기시고 항상 영자와 함께 행복하세요. 항상 감사, 감사, 감사.

고 선생님의 수필집은 생활 속에서 느낄 수 있는 소재로 독자들이 편한 마음으로 쉽게 읽힐 수 있어서 좋다. 그처럼 자연스러운 글이라 친근하고 재미있게 읽힌다. 쉬운 글이란 쉽게 쓰이지 않는 법, 그만큼 독자들에게 가까이 다가가려는 작가님의 배려를 생각 안 할 수 없다. 생각하지 않아도 읽는 그대로 호흡처럼 읽을 수 있는 글을 진실로 잘 쓴 글이라 나는 생각한다. 그만큼의 노력과 고통과 배려 없이는 순수한 자연의 글이 될 수 없음을 나는 느낀다. 정말 훌륭한 수필가가 아닐 수 없다고 생각해.

사랑하는 영자야!
너 또한 훌륭한 남편을 모시고 같이 발전하며 수필가로서의 성공을 위해 얼마나 많은 보이지 않는 수고로움을 보냈을까 생각을 해본다. 너도 고 작가님 못지않은 노력과 응원과 버팀목이 되었을 거라 누구나 생각한다. 장하다. 우리 친구 이영자! 나도 기분 좋다. 이런 자랑스러운 친구를 나의 혈육 같은 친구로 두었으니 나도 행복감을 만끽한다.

아름다운 이야기에는 감동하고

손자 배민석

　어렸을 때 할아버지 수필 원고를 읽고 오탈자를 골라내던 때가 있었습니다. 그때의 저는 매우 열정적으로 할아버지의 글을 읽고 고치며 최선을 다했습니다. 저의 이야기가 제목이 된 책도 두 권이나 될 정도였으며 책이 출간되면 이를 당시 학교 선생님과 급우 등 지인들에게 나누주고는 했습니다.

　그러는 사이에 저는 나이를 먹고 피할 수 없는 사춘기를 맞았습니다. 이 시기에는 모두 서먹서먹하고 학업 외의 다른 일에는 크게 관심을 두지 못하는 현상을 겪게 되었으며 온갖 잡생각과 학업의 스트레스로 인해 할아버지의 수필집을 더 읽지 못하게 되었습니다. 그러나 그 시기가 지난 후에도 다시 관심을 두지 못했습니다. 대학진학에 성공했지만 예상치 못하게 쏟아지는 과제와 이런저런 핑계들로 여전히 상황은 변치 않았습니다. 입대하게 되었을 때 군 생활 초반에는 정신이 없다는 이유로 수필집에 관심을 두지 못했습니다. 그러다가 군 생활의 절반 가까이 지났을 무렵 적응도 다 되고 안정적인 삶이 이루어질 때쯤 할아버지께서 10집이 출간된다는 소식을 들었습니다. 오랫동안 관심 가지지 못했던 기억과 최근 몇 권은 제대로 채 읽지도 못했다는 사실이 떠오르며 과거에 오타를 수정하던 모습을 되살리고 싶다는 기분을 느꼈습니다.

휴가의 시기와 소통의 오류로 인해 약간의 우여곡절이 있었지만 결국 책을 받아서 다시 부대로 돌아와 읽었습니다. 머리말에서는 할아버지께서 몇 달 전 휴가 때 말씀해주신 내용이 담겨 있었습니다. 수필에 대해서 새롭게 배우셨다는 문학적 측면과 철학에 관한 내용이 있었고 호기심과 함께 오랜만에 느끼는 설레는 마음으로 페이지를 넘겼습니다.

책을 읽기 시작했는데 첫 장부터 마치 오랜 친구를 다시 만나는 것처럼 편안한 기분이 들었습니다. 예전에 받았던 느낌을 다시 받았지만 한층 성장한 후인 터라 더욱 마음에 와닿고 이해되었습니다. 일단 실린 이야기들은 하나같이 주옥같았습니다. 아름다운 이야기엔 감동하고 재미있는 이야기에는 웃으며 아는 이야기에는 반갑게 맞이하였습니다. 추억의 집인 서주레지던스에 관한 이야기를 읽고는 특히 감상에 젖었습니다. 책에도 나왔다시피 작년에 코로나 격리로 우연찮게 열흘 정도 그곳에서 살았었기 때문입니다. 그러면서 어릴 때의 추억과 할아버지의 유산들을 느끼며 후에는 친구도 초대하여 구경시키기도 한 적이 있기에 이미 알고 있던 할아버지의 그 집에 대한 애착과 사랑이 책에 쓰인 글로도 다시 한번 더 기억할 수 있게 되었습니다. 저의 이야기도 곳곳에 있었는데 그럴 때의 반가움은 옛날과 같았습니다. 기억이 안 나는 과거의 사건들과 비교적 최근의 생생한 내용들이 조금씩 고루 있었는데 이 중 하나는 원고 단계에서 보여주신 적이 있었기 때문에 책에 실제로 실린 것을 보니 실감 났습니다.

탑건2를 보셨다는 내용 등 건너 듣기만 한 이야기를 할아버지의 시선에서 볼 수 있게 되니 그 또한 실감 난 부분 중의 하나입니다. 특히나 군인이셨던 과거 때문에 더욱 인상 깊게 느끼셨다는 전투기에 관한 감상은 현재 공군에서 전투기 이착륙을 주야로 보고 들으며 복무 중인 저에게 특별히 와닿기도 했습니다. 애마인 SM3와 면허증 반납에 대한 이야기는 더욱 감동을 주었습니다. 3집인 『아침 한때의 행복』의 내용처럼 초등학교 다닐 때 3~4년이 넘도록 할아버지께서 그 차로 학교와 학원에 데려다주셨기 때문입니다. 이 내용을 역시나 할아버지의 눈으로 본 글을 읽으니 더욱 마음에 깊이 새겨졌습니다.

제1집에서 보완 발췌했다는 글들을 포함한 전쟁과 군대에 관련된 내용 또한 현재 군인으로서 공감되고 마음에 와닿았습니다. 월남에서 있었던 참혹한 일에 관한 이야기는 10여 년 전에 할아버지와 약수동에서 같이 살 때 화이트보드에 직접 그림까지 그려주시며 설명해주셨던 기억이 생생하게 떠올랐습니다. 당시에는 무섭기만 하고 그렇게까지 감정적으로 와닿지 않았지만 나이가 들어 군대에 입대하고 성장한 눈으로 더 생생한 현장의 설명과 감상을 읽으니 더욱 참담함이 사무쳤습니다.

기적적으로 시누크 헬리콥터를 허락받고 날씨까지 따라주었던 물자를 옮긴 이야기에 등장하는 평택의 오산 공군기지가 바로 현재 제가 복무 중인 그리고 이 책을 읽고 지금 이 글을 쓰는 바로 이 부대라는 점이 더욱 반갑고 새로웠습니다. 수십 년 전에 할아버지께서도 이 땅을 밟았는데 오랜 시간 후 제가 이곳에 자대배치를 받아 군 생활을 보내고 있다는 것이 신기할 따름이었습니다.

전체적으로 보면 젊은 층도 충분히 공감되는 노년의 일상에서 찾는 의미와 철학 그리고 고찰이 담겨 있었고 머리말에서 쓴 내용처럼 문학적 부분이 추가된 느낌 또한 받았습니다. 마지막으로 할아버지의 수필을 읽은 때는 수년 전이지만 그때도 느꼈던 삶의 철학이 담겨 있는 내용들은 아름답고 교훈을 주면서도 동시에 현실적이며 공감까지 되었습니다. 게다가 어린 눈과 마음으로 읽었던 수필의 이야기 내용은 현재 성인이 된 눈으로 보니 더욱 공감할 수 있었습니다. 하루하루를 지내며 겪는 일들과 거기서 도출해낸 삶의 지혜와 교훈 등은 모두 인상 깊었지만 특히 노년과 건강, 죽음과 이별에 관한 내용이 많이 보여 이를 읽으며 내 삶에 대해서도 다시금 한번 되돌아보는 계기가 되었습니다.

십 대 동안에 삶과 죽음 그리고 철학에 관한 관심을 기울였으며 대학 강의 중에 철학 수업을 찾아 듣기도 했을 만큼이었는데 그래서인지 더 공감되고 감명 깊었습니다. 입대하고 식단 조절과 운동을 시작해서 망가진 건강을 되찾던 중이기도 한데 건강에 관한 내용들도 있고 현재의 과정을 계속 이어가리라 굳게 다시 한번 다짐하기도 했습니다. 또한 나이가 들면 할아버지처럼 멋지고 현명하게 나이 들고 싶다는 생각이 들었습니다. 물론 십수 년 전 어릴 때부터 이렇게 생각했었지만 아직도 그 마음이 건재하다는 것을 스스로 다시 한번 느끼게 되었습니다.

책을 읽다 보니 옛날 원고 수정하던 때가 생각났는데 확실히 자라면서 고쳤을 표현들이 보였습니다. 그러나 옛날과는 다른 생각이 들었습니다. 예전엔 특정 표현들을 고치며 할아버지 글의 고유성을 오히려 해쳤던 것이 아닌가 하는 생각이 든 것입니다. 제가 손대지 않은 표현들이 할아버지의 말투나 정확히 전달하고자 하는 바를 담고 있었기에 더욱 할아버지의 글인 것처럼 느껴졌습니다.

마지막 부분의 독자평과 독후감 그리고 평론가 교수님의 서평도 인상 깊었습니다. 독자분들의 열띤 성원과 응원을 보고 제가 다 뿌듯한 마음이었습니다. 전문적인 평론도 자칫하면 놓칠 수 있었던 부분들을 자세하게 분석한 것을 보니 또 새롭고 신기했습니다. 이렇게까지 해석이 가능하구나 하는 생각을 하며 감탄과 함께 읽었습니다.

이렇게 책을 쓰시는 것이 대단하다고 생각합니다. 예전에는 그렇게까지 알지 못했지만 이제는 온전히 이해할 수 있게 되었습니다. 꿈을 갖고 원하는 일을 하는 두 번째 인생의 목표는 참 아름다웠습니다. 이렇게 꿈을 가지고 사는 것이 진정으로 의미 있는 인생의 성공이 아닐까 싶습니다. 저는 영화 제작과 연출을 목표로 하고 있는 제 스스로의 동질감 내지는 공통점이 느껴집니다. 저도 일상의 사건들과 그것에서 도출한 의미를 사람들에게 전달하는 행위를 하고 있습니다. 할아버지는 글의 형태이고 저는 영화의 형태인 것입니다. 할아버지가 글을 계속해서 쓰시는 것으로 인해 저도 꿈을 향해 나아갈 용기와 응원을 한층 더 얻었습니다.

책을 읽고 있으니 주변 간부들과 전우들 몇이 관심을 가졌습니다. 하사 한 명은 실제로 조금 읽어보더니 좋은 평을 내리며 혹 구매가 가능한지 묻기도 했습니다. 몇 권씩 더 가져와서 요청하는 사람들에게 나누어주고 싶습니다. 다음 휴가 때에는 나머지 9권을 모두 가지고 와 제가 읽으려 합니다. 너무 어릴 때 읽어서 기억이 안 나거나 읽지 못한 책들까지 전부 말입니다. 기억을 되살리고 성장한 눈으로 바라보며 당시 이해 못 했던 부분에 대한 새로운 감상을 만끽하고 싶습니다. 더 일렀더라면 좋았겠지만 지금이라도 다시 이 세계로 초대받게 되어 다행스럽습니다.

명령만 따르는 단순한 군 복무에 사고 또한 마비되어감을 느끼던 중 문학은 참으로 소중하다고 느껴집니다. 다시금 할아버지 수필의 열성 팬이 되려 합니다. 수필 앞으로 계속 내시기를 바랍니다.

화려하지 않고 깔끔한 글

안수집사 김화식

주일날 예배 후 식당 입구에 책이 놓여 있었다. 고수부 집사님의 "길에 선 나무는 웃지 않는다"수필집이었다. 가방에 넣고 보답하는 마음으로 먼저 끝까지 읽자. 후에 이렇게 독후감까지 쓰게 되었다.

집사님의 수필집은 언제나 담백하다. 화려하지 않고 깔끔해서 좋다. 늘 평범한 일상에서 꾸준하게 사색하며 깊이 있는 한 사람의 삶의 모습에서 많은 것들을 배우고 공감하며 지혜를 얻는다. 그래서 세상에 나오는 작품들을 보면서 나는 생각한다.

꾸준히 십수 년을 작품 활동에 정진하시는 집사님, 그리고 열 번째 수필집을 읽으며 한세월을 살아가는 집사님에게도 육신의 장막에 가끔 비가 새고 찬바람이 들어옴을 느낄지라도 언제나 천국에 소망을 두고 50여 년의 세월을 함께 하시는 집사님과 권사님의 소망 가운데 살아가시는 부부의 모습과 삶에서 경건함과 숙연함을 느낀다.

한 편의 수필을 쓰기 위해서 많은 책을 읽고 자연을 관찰하고 깊이를 위해서 사색하며, 아름다운 문장을 다듬기 위해서 몇 번의 줄 바꾸기를 하고 단어 하나에도 고민하고 많은 과정을 거치면서 마지막 탈고를 마치는 순간 무슨 생각을 하실까. 벌거벗은 모습으로 독자들 앞에 서는 자신의 모습에서 기쁨보다는 자신의 한계에 씁쓸한 마음은 들지 않았을까. 그래도 자신을 돌아보고 한발 한걸음 여기까지 오신 또 분신과 같은 한편의 작품들을 세상에 내보내는 집사님은 분명 평범함을 넘은 신과 같은 도인의 경지에 계신 것은 아닐까.

나는 오랜 세월 동안 집사님의 모습을 보고 또 함께한 많은 시간이 있다. 주일날 이른 아침 1부 예배 때에 할렐루야 찬양대에서 하나님을 섬기시는 모습 그리고 함께한 영어 예배부에서 배우고자 하시는 열정을 기억하고 있다.

나는 몇 년 전에 읽은 한 편의 수필을 늘 기억하고 있다. '댓돌 위의 갈색 구두' 집사님을 뵐 때마다 순수하시고 애틋함과 간절함, 절제된 연애감정, 인격까지 엿볼 수 있었다. 늘 한결같으신 집사님과 권사님 모습을 바라보면서 내 인생도 잘 살아야지 하고 다짐하곤 한다.

하지만 반면 나는 며칠 전 아내와 함께 옛날 사진도 정리할 겸 빡스를 열었다. 아내는 옛날 연애 시절과 결혼 후 순간마다 적어둔 일기를 보고 옆에 있는 나에게 읽어도 주는데 얼마나 쓴 뿌리들이 많았든지…지나간 40여 년의 날들을 추억하면 지우고 싶은 나날들이 더 많았다. 부끄럽고 미안한 마음에 고개를 들지도 못하고 기억에서 지울 수도 없고 사죄하는 마음으로 여보! 미안해. 말은 했지만 마음속으로 하나님 이 죄인을 불쌍히 여겨주시고 용서해 달라고 기도하며 앞으로 아내에게 더 잘해야 하겠다고 다짐했다. 하지만 내가 얼마나 잘하고 노력해야 잊힐까. 하나님의 은혜만 구할 뿐이다. 언제쯤에야 그래도 당신 덕분에 행복했다고 들을 수 있을까.

'길에 선 나무는 웃지 않는다'에 길가에 선 나무는 왜 웃지 않을까. 웃으면 안 되는 이유가 뭘까. 누가 웃지 말라고 했나. 책 표지의 제목이 많은 것을 생각하게 해서 본문을 찾아봤지만 내용이 없어 더욱 여러 가지로 상상의 나래를 펼쳐보았다.

'신념의 마력'이라는 책 나도 20대 초 인생에 야망을 품고 읽은 적이 있다. 의지를 강하게 하고 긍정적인 생각으로 자기 암시를 하며 한동안 그것이 믿음으로 가는 길인 줄 알았다. 그 후에 이 세상을 성공적으로 살려면 절대자의 도움이 필요할 것 같아서 교회에 갔다. 곧 말씀이 하나님이시고 말씀에 순종하는 것이 믿음이고 그것이 능력이라는 것을 교회를 다니고도 한참 후에야 알게 되었다.

우리 교회에는 영어 예배부가 있었다. 미국 원어민 태리 목사님이 계실 때 집사님은 설교 말씀을 들으실 때마다 미소를 짓고 때로는 고개를 끄덕이시고 웃으시기도 하는데 나는 옆에서 도무지 들리지를 않고 이해가 되지 않으니 그때 그 좌절감과 열등감은 이루 말할 수 없었다. 영어라는 고약한 놈, 나는 아직도 붙잡고 씨름하고 있다. 요한복음 전체를 영어로 암송하는 그날까지 때가 되면 하나님께서 나를 도구로 사용하시고 꿈을 꾸고 인내하며 형님들 용서하고 하나님의 섭리 가운데 쓰임 받은 요셉처럼 나의 꿈도 이루어 주실 것이라는 믿음을 가지고 그날까지 토끼와 경주하는 거북이와 같이 우직하게 완주에 목표로 두고 한 걸음 한 걸음 나아가는 인생이 되기 위해 기도하며 노력하련다.

고수부 집사님!! 감사합니다.
늘! 건강하시고, 존경하고 사랑합니다.

지친 마음까지 힐링이 되는 글

국민은행 팀장 심 현

안녕하세요 고수부 작가님~~~
주신 책들 너무나 감사하게 잘 읽었습니다. 부끄러운 이야기지만 요즘에 책을 사면 끝까지 다 읽지 못하고 쌓여있는 책들이 집에 너무나 많은데

작가님의 수필집은 글이 참 편안하게 읽혀지고 읽다 보면 지친 마음까지 힐링이 되는 것 같았습니다. 요즘 사람들은 유튜브나 숏츠 같은 짧고 강한 자극을 주는 이런 숏폼에 자주 노출되다 보니 긴 글이나 영상에 집중하는 능력이 떨어진 탓도 있고

시중에서 판매되는 책들은 같은 말도 어려운 용어들로 쓰여진 글들이 대부분인데 작가님 책은 참 편안하게 쉽게 읽혀지는 것 같아서 읽고 나면 기분이 좋아져서 사실 조금씩 아껴서 읽었습니다^^ 작가님의 책에는 정말 다양한 인생의 주제에 관해 솔직하게 작성되고 표현된 게 정말 흥미로웠어요. 특히 신앙생활에 관한 에피소드는 누구

나 한 번쯤 겪어봤을 내용이라 더 공감되었어요.

성령으로 거듭났지만 현실의 닥친 어려움 속에서 믿음과 의심 사이를 갈팡질팡하는 마음, 단위가 커진 십일조에 대한 인간적인 욕심, 담배를 끊었지만 딱 한 번만 허용하자는 마음에 다시 담배의 덫에 걸린 이야기, 사람을 의식한 대표기도의 어려움 등

정말 숨기고 싶은 자신의 부족한 부분을 솔직하게 작성하신 내용이 많이 공감되고 위로가 되었어요. 개인적인 마음이지만 작가님이 신앙 생활에 대한 책을 조금 더 집중적으로 쓰셔도 좋겠다는 생각도 잠시 했습니다.^^

또 60년 이상 차이나는 손자와의 케미는 정말 입가에 미소가 저절로 번졌어요. 손자가 좋아하는 여자 친구 이야기, 손자의 월요일병, 해외여행 전 사고 위험에 불안해하는 사모님 이야기 등 가족들의 어려움에 진심으로 공감하고 위로하는 작가님의 따뜻한 마음이 제 마음까지 느껴졌습니다.

그리고 저 자신의 삶을 돌아보니 아이들이 어리다고 아이들이 하는 말들을 무시하고 무조건 엄마 말이 맞다고 강요하고 남편의 어려움에 한 번도 진심으로 귀 기울여 듣지 않으려 했던 저 자신을 돌아보는 뜻깊은 시간이었습니다

작가님 정말 귀한 책을 나눠주셔서 감사합니다. 항상 지금처럼 영육이 강건하시길 늘 기도하겠습니다.

| 서평

고수부론
― 성실한 삶의 자세와 견고한 신앙의 힘 ―

권대근

문학평론가, 대신대학원대학교 교수

❙ 서평

고수부론
- 성실한 삶의 자세와 견고한 신앙의 힘 -

권대근

문학평론가, 대신대학원대학교 교수

Ⅰ.

A. 아우구스티누스는 "사람은 성실할수록 자신을 얻게 된다. 성실해질수록 태도가 안정되어진다. 성실하면 성실할수록 정신을 자각하게 된다. 하늘 땅 앞에 자기가 엄연히 존재해 있다는 관념은 성실할 때 비로소 얻어지는 자각이다."라고 말했다. 고수부 수필가의 가장 큰 장점이라면 성실함이 아닐까. 이번에 그는 수필집 11권에 도전한다. 한두 권도 아닌 10권의 수필집을 내고 다시 11권째 수필집을 내는 데는 무엇보다도 그의 성실함이 든든한 뒷받침이 되었다고 할 수밖에 없다. 척추 수술로 입원했을 때를 제외하고 단 한 번도 한국문인협회 수필창작과 강의에 결석을 한 바 없는 성실함은 타의 귀감이 되고도 남는다. B. 플랭클린은 "백 권의 책보다 단 한 가지의 성실한 마음이 사람을 움직이는 데에 있어서 보다 큰 힘이 될 것이다."라고

했고, G.초서도 "성실함이란 인간이 갖는 가장 고상한 것이다."라고 했다. F.W.니체는 "자기 자신에게 대한 성실성과 관계없는 위대함이란 나는 인정할 수 없다."고 선언하였다. 이들 유명 인사들의 어록으로부터, 그가 성실함으로부터 인격의 고상함과 인생의 위대함을 챙겼다는 걸 확인할 수 있다.

  인생은 흘러가는 것이 아니다. 성실로써 내용을 이루어가는 것이라야 한다. 하루하루를 그저 보내는 것이 아니고, 하루하루는 내가 가진 그 무엇으로 채워가는 것이다. 고수부 수필가는 뜨거운 인생의 열기를 부둥켜안고 있는 작가로서 삶에 대한 확신과 신념이 있다. 그는 삶을 적극적이고 긍정적으로 살아가면서 생을 조용히 사유할 수 있는 성실한 마인드를 갖고 있다. 그의 수필은 타자에 대한 연민을 녹여내고 있으며, 저층에 서정이라는 아름다운 정서를 깔고 있다. 적어도 지도교수로서 내가 수년간 봐 온 바 그렇다는 평가다. 인생을 칼칼하게 씻어내는 힘의 작가, 햇살 내리비치는 볕 좋은 날의 행복한 소년 같은 작가다. 말씨와 행동에 품위를 갖춘 선비 같은 작가다. 여기에 더하여 그에게는 독실한 신앙의 힘이 내장되어 있다. 신앙이란 의견이지만 그 의견은 진리를 함축한 의견이다. H.W. 롱펠로우는 "마음이 반짝이고 소박한 사람은 신과 사연을 믿는 법이다."라고 하였다. 진실, 눈물, 소박이 감동의 삼 요소리면, 고수부는 이를 다 가지고 있다. W. 애덤스는 "신앙은 이성의 연장이다."라고 했듯이 그는 하느님에 대한 신앙이 그의 의도 속에 숨어있다. 선과 악을 가려내는, 신앙은 그에게 있어서 인격의 밑바탕이 되었다. 신앙은 그의 본성에 튼튼히 자리 잡고 있어 어떤 난관에도 흔들림이 없어 보인다.

에라스무스의 말처럼, 그는 신과 영원을 믿는 것에 의하여 악 중에서도 선을, 어둠 속에서도 빛을 토할 수 있었으며, 절망을 희망으로 바꿀 수 있었던 것이다.

수필의 궁극적 가치는 인간의 삶을 바탕으로 하는 삶의 가치와 동일할 수밖에 없다. 문학의 가치는 즐겁고 행복한 삶의 추구에 있고, 그러한 삶의 추구에는 반드시 성실한 자세와 아름다운 믿음의 바탕 위에서 가능한 것이다. 그러면서 그릇된 방향으로 나아가고 있는 자신을 바로잡고, 진정한 삶의 가치를 깨닫기 위한 것이다. '신앙'이란 우주와 세계, 인간과 삶에 대한 이해의 한 형태다. J.밀은 "신앙을 갖는 인간은 집단에 있어서의 권력자보다도 이해타산으로 모이는 9합의 아흔아홉 사람보다도 강하다."고 했다. 언제나 사람에게 있어서 가장 큰 관심사는 나는 과연 어떻게 살아야 할 것인가 하는 명제일 것이다. 이런 측면에서 '신앙'은 그에게 있어서 삶의 핵심이다. 수필의 주제 지향성은 이와 정확히 일치한다. 이 같은 인간의 가장 큰 관심사와 명제의 해명을 위하여 노력해왔던 기저에는 군인으로서 성장해 온 자신의 역사와 무관하지 않을 듯싶다. 또한 두 딸을 끔찍하게 사랑하는 가장의 역할을 하면서 작품을 써왔다는 점에서 그의 수필은 삶의 문제와 맞닿아 있다. 여기에 더하여 그의 수필은 이런 삶을 향한 노력이 미적 형상화 차원으로 고양되고 있어 눈길을 끈다. 수필이 eye-catching factor를 갖지 못하면 11권의 수필집을 펴내려고 시도하지 못할 것이기 때문이다. 이 점은 작품을 직접 살펴보면 보다 명확히 알 수 있다. 작품을 통해 그의 문학이 지닌 힘을 확인해보자.

Ⅱ. 고수부의 수필세계

1. 윤슬처럼 반짝이는 애정의 숨결

공자는 "그 자식을 알지 못할 때에는 먼저 그 아버지를 보아야 하고, 그 사람을 모를 때에는 그 벗을 보아야 하며, 그 땅을 모를 때에는 그 초목을 보아야 한다."고 하였다. 세링그레스는 "아버지가 되기는 쉽다. 그러나 아버지답기는 어려운 일이다."라고 했다. 인간의 이기적 속성은 개체 자체가 그 역할을 다 하도록 쉽게 내버려두지 않는다. 자신이 가진 성격을 최대로 나타내는 걸 '다움'이라고 한다면, 다 큰 딸아이에게 아버지로서 존경받기가 쉽지 않다. 그러나 고수부는 딸들이 세상에서 가장 존경하는 아버지다. A.F. 프레보는 "아버지의 마음은 자연의 걸작이다." 고수부는 든든한 두 딸의 사랑으로 당당한 아버지의 지위를 자랑스럽게 누리는 분이다. 누군가에 의지한다는 것은 사랑한다는 의미다. 고수부 문학을 이루는 또 하나의 견고한 줄기는 근원에 대한 본능적 편향성, 두 딸에게로의 지향성이다. 후썰의 현상학에 의하면 인간은 어떤 대상에 대한 지향성을 가지는 성질을 지니고 있다. 그 사랑함과 사랑받음의 귀착지는 두 딸이다. 작품 하나하나에 딸이 있어서 만족해하는 정서가 없는 게 없다. 한마디로 딸을 향한 절절한 지향성이다.

수필 〈리어왕도 부러워할 딸 둘〉이란 수필의 마지막 부분, "세익스피어의 리어왕은 딸 때문에 불행했지만 나는 딸들 덕분에 차디찬 겨울을 견뎌내고 새봄을 맞았다. 말로는 사랑을 속삭였지만 행동으로는 배신당한 리어왕에 비하여 나는 다행히 진심으로 부모를 아끼고 돌보는 딸들을 두었다. 그 점에서 나는 리어왕보다 훨씬 복 받은 사람이 아닐까."라는 표현이 있다. 이 작품뿐만 아니다. 그의 수필에는 딸에 관한 이야기들이 흥건하다. 이는 모든 사람의 가슴 속에 공통적으로 존재하고 있는 것이 아니라 그만이 가지는 독특한 특례라 하겠다. 상당수 수필들이 딸들의 관심과 효도를 기반으로 하고 있으며, 사랑의 근원, 존재의 근원에 대한 인식을 바탕으로 직조되고 있다. 어떤 경우든 삶을 윤택하게 하는 것은 인간의 순수 지극한 정성, 남다른 가족애라는 사실을 부정하지 않는다. 이 사실은 작품 〈리어왕도 부러워할 딸 둘〉이 입증한다. 제목도 멋지지만, 수필도 딸 둘의 효성에 관한 이야기로써 감동을 준다.

이순신에게 남은 배 12척이 있었다면, 그에게는 딸 둘 외에도 그의 곁에는 손자 민석이와 손녀 라희, 그의 수필작품을 읽고 그를 알아주는 찐팬 독자들이 있다. 그래서일까. 그는 〈책머리에〉에서 '그럼에도 불구하고 책을 낼 때마다 잊지 않고 정성껏 독후감을 써 주는 몇몇 소중한 독자들이 있어 나는 얼마나 힘이 되는지 모른다. 특히 군 복무 중인 손자 민석이가 보내준 편지는 내 마음을 뜨겁게 했다. 그는 어릴 때부터 수필집을 애정 있게 읽어주었고 군에 가서도 열심히 독후감을 써 보냈다. 그의 마지막 문장은 이러했다. "명령만 따르는 단순한 군 복무에 사고 또한 마비되어감을 느끼던 중 문학이 얼마나 소중한지 새삼 깨달았습니다. 다시금 할아버지 수필의 열성 팬이 되려 합니다. 수필집을 앞으로 계속 내시길 바랍니다" 손자의 이 진심 어린 글을 보며 앞으로도 계속하여 수필집을 발간해야겠다'는 생각을 했다고 하니, 손주들이 그에게 미치는 영향이 대단해 보인다.

　사람들은 물질적 변혁만 이루면 인간이 안고 있는 모든 아픔이 허물을 벗고 한순간에 환한 모습의 꽃으로 피어날지 모른다고 착각한다. 그러나 눈에 드러나는 현란함은 한때 사람들을 현혹시킬 수는 있지만, 그 자체가 완전한 행복의 실체는 아니다. 물질만으로는 생명을 틔울 수 없고, 진정한 가치를 창조하기 위해서는 무한대의 '애정'이 필요하다. 고수부의 수필적 정서는 이러한 패밀리즘과 인정투쟁에서의 승리에서 비롯된 결단의 향기라 하겠다. 고수부 수필세계가 보여주는 모습에는 이런 관계적 따스함이 스며나고 있다. 수필 문학이 지닌 특징 중의 하나는 개인적 체험을 보여주는 데 있어서 가공하지 않고 사실을 그대로 노출시킨다는 점이다. 독자로부터 공감을 얻게 되는 것은 그 소재가 특별해서라기보다 작가의 성실함과 진솔함이 표현에 뿌리내려 있어서일 것이다. 고수부 수필의 최대 강점은 체험의 진실성이요, 솔직한 감정의 표백에 있다. 이것이 독자로부터 공감을 얻게 할 뿐만 아니라 수필문학으로서의 가치와 문학성을 담보해 준다고 하겠다.

　큰딸이 내 곁에 있어 나를 보살피고 있었다. 이 병원은 면회가 제한되지만, 딸은 특별히 양해를 얻어 내 곁에 남아 병간호를 도왔다. "왜 이렇게 발이 얼음장같이 차요?"라며 내 발을 두 손으로 마사지하기 시작했다. 무려 한 시간을 넘게, 그녀는 묵묵히 내 발을 쥐고 문질렀다. 차가웠던 발에 온기가 서서히 돌기 시작하자, 내 눈시울도 함께 뜨거워졌다. 어린아이 같던 딸이 이제는 장성하여 곧 교감 발령을 앞두고 있음에도, 학교 일정까지 조정해가며 아버지 곁을 지키고 있는 모습은 그저 눈물겹도록 고마웠다. "주연아, 고맙다." 그러자 딸이 말했다. "아빠도 저 어릴 때 이렇게 해주셨잖아요." 어느 부모가 자식에게 정성을 쏟지 않겠는가. 하지만 그 사랑을 잊지 않고 기억하며 은혜를 갚으려는 딸의 마음이 나를 더욱 뭉클하게 만들었다. 오후 네 시쯤, 딸은 병원을 떠났다. 면회 시간이 끝났기에 더는 머무를 수 없었다. 나는 혼자 남은 병실에서 수술 후의 고요함을 느꼈다.

- 〈지옥문〉 중에서

수술실에 들어가면서, 단테의 신곡 '지옥문'을 들어가는 것 같은 느낌으로 공포와 두려움을 가졌던 그는 좁아진 척추 뼈 사이를 벌리고 철심으로 고정한 후, 흘러나온 디스크를 제거하는 수술을 통해 통증의 근원을 제거하고, 두 딸의 케어를 받고난 후, 수술 과정과 그 후의 심정을 토로한 수필 〈지옥문〉이란 수필을 썼다. 인간에게 소중한 것은 자신의 삶이 갖는 의미에서 스스로 만족하는 것이다. 그 충족의 기쁨 없이 삶은 무의미한 것에 지나지 않는다. 단지 살아있는 것만으로 기뻐할 수 있는 것은 엄숙하게 운명을 받아들이려는 마음씀에 기인하는 것이다. 인간은 누구나 무엇에 의지해 자기를 지탱할 수밖에 없는 나약한 존재다. 적막이라도 따뜻하다면, 차라리 괜찮은 것이다. 그는 지옥문 같았던 수술실에 누워 어떻게 될지 모르는 운명 하에서 자신의 곁을 굳건히 지킨 두 딸의 이름을 의식적으로 불러본다. 이는 두 딸을 무한한 효성의 자식으로 부각시킨다. 이 수필은 수술이라는 상황 제시를 통해 아버지 곁을 지키는 딸 둘의 자세를 반추하는 글이다. 아버지와 두 딸 사이에 담긴 사랑이 긍정과 희망적 인생관과 버무려져 탄생한 것이어서 공감을 준다.

　수술이라는 일상사의 중대한 실험에서 출발된 사랑이 노정된 이 글에는 아버지를 향한 효의 정서가 풍성하다. 수필은 인간적 삶의 소중한 경험이요, 수필가는 그 경험의 전파자라는 걸 되새겨준다. 오늘을 사는 우리에게 진정으로 필요한 것은 잔잔한 감동을 만들어낼 수 있는 이 끈끈한 혈연의 연대라는 것을 이 수필은 말해준다. 아버지와 딸 사이의 순수한 연모와 향기나는 사랑보다 더 가치롭고 아름다운 것이 이 세상에 어디 있을까. '두 딸이 나를 바라보며 애써 담담한 표정을 지으려 애쓰고 있었다. 나중에 작은딸 서연이가 말하길, "언니는 아빠가 휠체어에 실려 들어갈 때 계속 울고 있었어요"라고 했다.'는 대목에서 볼 수 있듯이, 두 딸이 함께 서로를 애정하며 아버지를 돌보는 모습이 눈물겹게 읽힌다. 딸 둘의 "아빠, 저 여기 있어요."라는 멘트가 살짝 가슴을 찌르면서, 뜨거운 감동을 안겨준다. 이런 맛이 있어 문학성이 생겨나고 공감도가 형성되는 게 아닐까.

　라희가 서너 살 때 우리집에 오면 나를 가만히 두지 않았다. 거실에서 가족들과 이야기하고 있는 내 손을 붙들고 무작정 건넛방 서재로 끌고 갔다. 어른들끼리만 놀지 말고 할아버지는 내 친구가 되어달라며 회전의자에 나를 앉히고 마구 뺑뺑이를 돌렸다. 올 때마다 한시도 가만히 있지 못하고 뛰어다니며 분주하게 집 안을 휘젓고 뛰어다니던 아이였는데 중학생이 되어 얌전히 앉아 이모와 이모부의 말에 귀를 기울이고 있는 모습이 대견하다.

  라희는 내가 다니는 신일교회의 유치원에 다닌 적이 있다. 내가 본당 예배가 끝난 후 아래층에서 선교회원들과의 친교하는 사이에 누가 뒤에서 살짝 건드린다. 이상하다 싶어 바라보니 귀여운 라희가 아닌가. 나는 반가워 남이 보든 말든 손녀를 번쩍 들어 올려 한 바퀴 휙 돌린 다음 내려놓는다, 다섯 살쯤 되었을까. 가볍게 들어 올려져 내 품에 안긴 손녀는 병아리처럼 귀여웠다. 초등학교 들어가기도 전에 나에게 이메일을 보냈다. '할아버지 모 하세요' '뭐 하세요'를 잘못 표현한 그것이 오히려 더 귀여웠다.

- 〈귀여운 라희〉 중에서

  이 수필에는 눈물보다 끈적한 손녀 라희를 사랑하는 할아버지와 할아버지를 끔찍하게 아끼는 손녀의 애정이 펼쳐져 있다. 사랑의 미학을 주제로 하는 수필은 현대사회의 특성상 수필에서 필연적으로 자주 나타날 수밖에 없는 것이다. 도시 생활의 정신적 긴장이나 공동체 의식의 상실이나 비인간화와 같은 도시적 병리 현상으로 인하여 파생될 수 있다고 할 수 있겠다. 손녀의 '할아버지 모 하세요'는 관심의 소중함을 우리에게 가져다주는 일종의 아름다운 의식의 성찬이다. 그것은 새로운 아장스망을 위해서도 바람직한 일이지만 아름다운 삶의 영토 확장에도 도움이 되는 일이다. 또한 그것은 건조한 일상의 생활에서 새로운 창조의 기쁨을 누리는 희열이라고도 할 수 있다. "라희가 서너 살 때 우리집에 오면 나를 가만히 두지 않았다. 거실에서 가족들과 이야기하고 있는 내 손을 붙들고 무작정 건넛방 서재로 끌고 갔다. 어른들끼리만 놀지 말고 할아버지는 내 친구가 되어달라며 회전의자에 나를 앉히고 마구 뺑뺑이를 돌렸다."던 손녀가 중학생이 되어 이모와 이모부의 말에 귀를 기울이고 있는 모습에서 대견함을 느끼는 작가는 세상에 부러울 것이 하나도 없는 사람이다. 가족들이 손녀의 진로문제를 격의없이 토론하는 모습이 문학가 집안의 멋을 풍겨낸다.

　여기에는 필시 사랑의 원리가 작용하고 있을 것이다. 특히 문학적 체험과 같은 정서적 호응은 문학작품의 서정성을 구성하는 요체다. A. 반 다이크의 말대로 "대리석의 방바닥과 금을 박은 담벽이 가정을 만드는 것이 아니다. 어느 집이든지 사랑이 깃들이고, 우정이 손님이 되는 그런 집이 행복된 가정이다." J.H.페스탈로치도 "가정의 단란이 지상에 있어서의 가장 빛나는 기쁨이다. 그리고 자녀를 보는 즐거움은 사람의 가장 성스러운 즐거움이다."라고 했다. 이 작품은 행복한 가정과 민주적 열린 가정생활이 문명의 근본적인 목표이며 모든 노력의 최종적인 목적이라는 걸 말해주고, 독자들에게 정서적 안정을 제공하는 것이 가정이라는 사회적 통념을 각인시킨다. 아무리 황금만능주의 사회라 하더라도 부모와 자식 간은 물질이 전부일 수 없다. 고수부는 이런 진리를 작품을 통해 잘 보여준다. '내 책상 앞 벽에는 중구청에서 발행하는 신문 표지그림 한 장이 붙어있다. 라희가 어렸을 때 자기 엄마와 같이 중구 독서마당이라고 하는 이벤트 모임에서 책 읽는 모습을 사진에 담아 표지 그림으로 내보냈다. 그 신문의 표지를 오려서 벽에 붙여놓고 손녀가 보고 싶을 땐 수시로 그 사진을 보곤 한다.'는 진술은 둘 사이의 사랑이 최고로 극대화된 부분이다.

오고 가는 사랑의 화음이 감동을 준다. 손녀에 대한 애정이 그만큼 절대적이며, 애틋하고 간절하다는 증거가 아니겠는가. 작가는 이 작품을 통해서 손녀의 대견함을 다시 한 번 일깨워 주고자 한다. 아이들이 예전 같지 않은 요즘이라 이런 글이 더욱 가슴에 와닿는다.

　　큰딸은 학교 일에 늘 바빴지만 주말이나 잠깐의 틈만 나면 병원에 달려와 내 곁을 지켰다. 수술 후 허리를 구부릴 수 없어 일상적인 몸 가누기도 힘든 나를 위해 말없이 손을 내밀어 주었다. 내가 불편해 하는 작은 몸짓도 놓치지 않고 살펴주었으며 한겨울 병실이 춥다고 하자 두툼한 겉옷을 챙겨다 주었다. 또 단백질이 필요하다면서 직접 반찬을 만들어 꾸준히 가져다 주는 정성도 잊지 않았다. 무엇보다도 큰딸은 책임감이 남달라 아침저녁으로 내 안부를 확인했고 동생에게는 고생한다며 격려의 말을 아끼지 않았다. 또한 혼자 집에 있는 아내까지 챙기며 말 그대로 집안의 큰 어른 역할을 해냈다.

　　　　　　　　　　　　－〈리어왕도 부러워할 딸 둘〉 중에서

고수부 작가에게는 딸 둘이 있다. 큰딸은 학교 일에 바빴지만 잠깐이라도 틈만 나면 병원으로 와서 그의 곁을 지켰고, 둘째 딸 서연이는 경부고속도로를 달려 입원할 때와 퇴원할 때 운전을 도맡아 해주었다. 수술 당일에도 병원에 왔고 입원하는 기간에도 수시로 드나들며 잔심부름을 해주었다. 퇴원하는 날에도 병원에 일찍 도착하여 퇴원 수속을 밟고 아버지를 휠체어에 태워 다시 강남 재활병원에 입원시켰다. 이런 딸 둘의 효성을 '리어왕도 부러워할 딸 둘'이란 제목으로 수필을 쓴 것이다. 작가는 딸을 주연으로 등장시켜 딸들의 극진한 애정을 더욱 크게 부각시킨다. 두 딸의 케어 덕분으로 "나는 다행히 진심으로 부모를 아끼고 돌보는 딸들을 두었다. 그 점에서 나는 리어왕보다 훨씬 복 받은 사람이 아닐까." 라고 고백하는 작가는 스토리 위주의 일상적 이야기에서 에세이로 승화시키기 위한 전략으로 수필의 제목을 멋지게 간접화하였다.

고수부 수필을 이루는 하나의 견고한 줄기는 사랑에 대한 지향성이다. 그 귀착지는 두 딸의 효성이다. 작품 하나하나에 아버지를 깍듯하게 아끼고 존경하는 딸로서의 자세가 돋보인다. 한마디로 서로간의 애정이 위 수필의 한 축을 담당하고 있다. 괴테는 "왕이건 농부이건 가정에서 기쁨을 찾는 사람이 가장 행복하다."고 했다. J. 메이시의 말처럼, 인간애와 마찬가지로 본질적인 인간의 감화는 가정에서 이루어져야 한다는 것을 손수 실천하고 보여준 것이다. 이 수필의 감상 포인트는 '주기 위해 이루어진 가정만이 행복한 가정이다'라는 것을 살펴보는 데 있다. 눈물보다 끈적한 사랑의 향기와 지혜의 미학이 이 대목에서 투영되어 나온다. 직장을 다니면서 틈틈이 시간을 내어 아버지의 병수발을 도와주는 일이 쉬운 일은 아니다. 이는 자식으로서 최선의 효도가 아닐 수 없다. 일종의 아름다운 복종이요, 순종이다. 여기에는 필시 '가정이란 애정집단이다'라는 원리가 작용하고 있을 것이다.

어떤 경우든 삶을 윤택하게 하는 것은 인간의 순수 지극한 사랑이라는 사실을 부정하지 않는다. 이 사실은 이 작품이 입증한다. 곁에서 보면 자신이 화소가 된 것 같은 인상이 강한 작품이나 주제의식은 딸 둘에 있다. 사람들은 돈만 있으면 인간이 안고 있는 모든 아픔이 허물을 벗고 한순간에 환한 모습의 꽃으로 피어날지 모른다고 착각한다. 그러나 눈에 드러나는 현란함은 한때 사람들을 현혹시킬 수는 있지만, 그 자체가 완전한 행복의 실체는 아니다. 물질만으로는 생명을 틔울 수 없다. 이 수필은 화목한 가정을 창조하기 위해서는 무한대의 '애정'이 필요하다는 사실을 깨닫게 한다. 후썰의 현상학적 관점으로 보면, 세계 속에 가정이 있는 게 아니다. 실은 가정 속에 전 세계가 들어 있는 것이다. 고수부의 가정은 두 딸과 아버지의 사랑이 합쳐진 곳이다. 그들이 함께 있는 곳이 아니라 합쳐서 있는 곳이다. 그들이 함께 합쳐서 새로운 생명을 탄생시키는 곳이다. 영육이 합쳐서 두 개체가 아닌 하나의 생명을 탄생시키는 곳이다. 그것이 이들의 양심이며, 고수부 가정의 정체다. 한마디로 고수부의 수필적 정서는 두 딸에게서 받은 사랑의 힘에 기반한다고 하겠다.

독자가 써준 글을 읽어보면 책 제목에 대한 여러 가지 좋은 의견들이 나와 있다. 뷰즈헤어 K씨는 '책 제목도 많은 고민을 하셨을 것 같은데요. 뭔가 예술적인 느낌과 의미심장한 뜻을 내포하고 있는 듯합니다'라고 했다. 미국에 있는 아내 친구 H씨는 "책 제목이 너무 멋있고 표지 그림 또한 좋았습니다. 저는 무엇을 깊이 생각하는 사람이 아니지만 한 마디 던져놓으신 '길에 선 나무는 웃지 않는다'라는 말은 깊어가는 가을에 낙엽을 우수수 다 떨어뜨리고 홀연히 서 있는 나무들을 보며 많은 생각을 했습니다"라고 표현했다. 각각 나름대로 알맞은 해석들이었고 나 역시 공감이 되어 느낀 바가 많았다. 교회 안수 집사 K씨는 '길에 선 나무는 왜 웃지 않을까. 웃으면 안 되는 이유가 뭘까. 누가 웃지 말라고 했나 등 많은 것을 생각하게 해서 본문을 찾아봤지만 내용이 없어 더욱 여러 가지로 상상의 나래를 펼쳐보았습니다'라고 썼다.

- 〈황혼기의 나, 길에 선 나무〉 중에서

이미 10권의 수필집을 낸 고수부 작가에게는 손자 손녀, 두 딸뿐만 아니라 자신의 글을 읽어주고 독후감을 보내주신 독자들이 많다. 어떤 책이 독자에게 중요한 것은 그 책이 독자에 대하여 어떤 의미를 가지는가일 뿐이다. 만일에 한 독자의 의견이 세상의 다른 사람과 일치하지 않는다 해도 전혀 상관이 없다. 독자 자신의 의견이 가치를 가질 뿐이다. A. 포프의 말처럼, 세상 사람들의 신앙과 희망은 일치하지 않지만 모든 인간의 관심사는 박애이기 때문이다. 타인의 일에 관심을 갖지 않는 사람은 고난의 생애를 살아갈 수밖에 없고, 타인에게 무거운 짐이 될 뿐이다. 그럼에도 불구하고 고수부는 이들의 고견을 소중히 간직하며, 그들이 주는 멘트나 리뷰를 작품의 소재로 쓰고, 전문을 제5부에 걸쳐 소개하기도 한다. 독자에 대한 애정이 그만큼 크다는 증거라 하겠다. 아마도 이런 열성 독자들이 11권의 수필집을 낼 수 있는 힘으로 작용하지 않았나싶다. 독자들이 제10집 제목 '길에선 나무는 웃지 않는다'에 대한 논평을 많이 냈던 것 같다. R.W. 에머슨의 말처럼 '좋은 독자는 좋은 책을 만든다.' 특히 그는 '길에선 나무는 웃지 않는다'라는 제목의 의미를 설명하면서, '맑은 공기와 푸른 숲의 품을 떠나 도시 길가에 서 있는 나무는 찬바람 맞으며 외롭게 서 있다. 어쩌면 그것은 나의 모습이기도 하다. 인생의 황혼기를 맞이하여 찬란했던 청춘의 낙엽들을 다 떨구고 이제 마지막 길을 바라보고 서 있는 내 삶의 나무는 길에 선 나무처럼 웃을 수 없는 나의 모습이 아닐까.'라고 피력하면서 나무를 '자신'으로 전치시키고 있다.

2. 희망만큼 간절하고 절실한 문심

그리스의 작가 니코스 카잔차키스는 문학의 가치는 이 세상 사람들이 생각하는 먹는 것, 입는 것보다 더 중요하다는 사실을 말해주고 있다. 문학평론가 메슈 아놀드는 문학교육을 통한 교양의 축적이야말로 조화로운 인간과 건전한 사회의 추구에 본질이 된다고 하였다. 아놀드는 진정한 문학창조능력이 도달해야 할 궁극적인 요소를 '사상'이라고 하였다. 고수부 사상이 거처하는 공간은 수필이다. 그는 새로운 사상을 발견해서 물결을 일으키고 그것을 활발하게 사회에 순환시키기 위해 끊임없이 노력하는 작가다. 그러기 위해서 자신의 모습을 진정한 자아의 영토에서 낮춘다. 생을 조용히 사유할 수 있는 자세를 갖춘다. 인생을 칼칼하게 씻어내기 위해서다. 자기 정서의 표출이라는 자기 구원만으로 수필가의 사명을 완수했다고 볼 수 없다. 이런 차원에서 수필가가 그려내야 할 수필적 주제는 사상성의 구현에 있다고 할 수 있다. 수필의 매력은 작가의 내면 풍경에서 나오는 체취를 음미하는 데 있지 않은가. 바로 인연의 소중함과 만남의 축복이다. 고수부가 수필문학의 세계에 푹 빠져들고 있는 이유는 누구보다도 부끄러운 속 모습까지 가감없이 내어 보일 수 있는, 인간의 체취가 물씬 풍기는 인간적 향기를 내보일 수 있는 수필이라는 장르적 특성 때문일 것이다. 그리고 독립적 자아로 세계와 마주 서는 작가의 세계관이 작용한 때문이라고 하겠다. 고수부의 〈수필에 살고 수필에 죽는다〉는 그 행위자의 문학에 대한 견고함으로부터 문학이 주는 의의를 깨닫게 한다는 측면에서 유의미한 글이다. 이 작품은 문인이면 가져야 할 문학적인 자세가 어떤 것임을 엿볼 수 있게 해서 인식 구조로서의 문학적 역할을 잘 수행하고 있다고 하겠다.

문학평론가 레이몬드 윌리엄즈는 문학은 개인의 인간적 성장을 이룰 수 있는 것은 물론이고 세계를 변화시킬 수 있는 가장 높은 형태의 예술임을 역설하였다. 모든 수필이 예술로서 지녀야 하는 공통적 요건 중에 하나가 대상을 바라보는 심미적 안목이다. 심미적 안목이란 화려하거나 현란한 언어 구사와 거창한 주제와 경이로운 소재에 의해 만들어지는 것이 아니다. 그것은 수필 작품을 통해 이르는 효과에 중요한 조건이 되지만, 인간의 흥건한 정이 배어 있고, 사물을 바라보는 날카로운 통찰력이 자리하며 독자로 하여금 공감을 유발할 때, 문학적 미학은 완성된다. 수필은 어떤 문학보다 미학적 정서를 요구하는 글이므로 수필가는 지식은 물론 정이 풍부한 사람이라야 한다. 무심한 사물까지도 사랑할 수 있는 정은 인간의 심리 중에서 가장 원시적 요소다. 그러나 그것이 물상을 사랑하는 데에 이르기 위해서는 어디까지나 객체를 긍정적으로 받아들이는 것에서 가능한 것이다. 다행스러운 것은 그가 존재론적 차원에서 소재에 접근하고 있다는 점이다. 아르헨티나의 작가 루이스 보르헤스는 자신의 글쓰기 행위는 오로지 '달'을 찾기 위한 것이었다고 말한 바 있다. 그렇다면 고수부는 무엇을 위해 문학을 할까를 생각해보지 않을 수 없다. 그의 '수생수사'는 이 물음에 충분한 답이 될 것이다.

우리 수필반의 이름은 '수생수사隨生隨死'의 준말인 '수생반'이다. 수필에 살고, 수필에 죽겠다는 지도교수님의 문학 철학이 담긴 명칭이다. 나 역시 수필에 몰입하여 사는 지금 이 시간이 내 인생에서 가장 보람되고 소중하다고 느낀다. 오늘도 나는 컴퓨터 앞에 앉아 깜빡이는 커서를 응시한다. 손가락을 자판 위에 얹고, 한 자 한 자 눌러 글을 써 내려간다. 그때마다 나는 마치 피아노를 연주하듯 경쾌한 자판 소리를 들으며 행복해진다. 수필 한 편을 완성할 때마다 느끼는 그 기쁨은, 아무리 많은 돈으로도 살 수 없는 값진 경험이다. 수필이 있어 내 삶은 빛나고, 수필 덕분에 나는 오늘도 살아갈 힘을 얻는다.

- 〈수필에 살고 수필에 죽다〉 중에서

그는 매주 목요일이면 안국동 운현타워 202호 수생반 강의실로 향한다. 수필을 사랑하고, 제2의 인생을 문학으로 꽃피우려는 이들과 함께 배우고 나누는 시간이 그를 기다리고 있다. 이곳에서 그는 배움의 기쁨과 동료애, 그리고 문학에 대한 경외심을 느낀다. 수강생들은 모두 진지하고 열정이 가득하다. 얼마 전 입회한 한 여성 회원이 첫 수업을 마친 뒤 써온 수필, '경탄의 90분'에 있던 "여느 대학 강의보다 더 깊은 열정이 느껴졌습니다"라는 문장이 특히 기억에 남는다고 썼다. 그는 글을 잘 쓰기 위해 처음에는 학원에 등록하여 공부도 하고, 용산문화원에 등록하여 수필을 배웠고, 요즘에는 한국문인협회 평생교육원 수필창작과에서 본격수필을 배우고 있다. 지팡이를 짚고 깔끔하게 양복으로 정장을 한 채다. 최선을 다하는 멋진 신사의 모습은 그의 가장 아름다운 문학적 삶의 영롱한 에센스가 되어 왔던 것이다.

　수필은 어디까지나 인간적 온기의 총체여야 한다. 정말 사람답게 살아가려는 사람들이 생각해야 할 문제, 가슴 깊이 담아두어야 할 가치 있는 문제를 다루어야 한다. 수필이 궁극적으로 표현하는 대상은 자신이 아니라, 그가 속한 환경과 이에 대처하는 인간의 보편적 성향이다. 가슴이 서늘하거나 후끈한 인간미가 배어 나오지 않은 글은 작품이라고 할 수 없다. 비록 개인사적인 문제를 가지고 글이 출발하더라도, 그것을 통해 인간성의 순정한 면을 발견하고 진솔한 마음의 풍경을 보여주어야 할 것이다. 언제나 사람에게 있어서 가장 큰 관심사는 나는 누구인가, 어떻게 살아야 할 것인가 하는 명제이기 때문이다. 수필가로 성공하기 위해서는 대상에 대한 애정이 있어야 한다. 〈수필에 살고 수필에 죽다〉에는 이런 작가의 각오가 드러나 있어 좋다. 그는 수필의 소재를 '생활'과 '자연'에서만 찾으려 하지 않는다. 무엇보다도 수필의 가장 큰 특성인 '자조의 문학'이라는 점에서 그의 글은 자신의 모습을 투영하는 데서 그 매력이 뿜어져 나온다.

　수필은 우리네 삶의 모습이다. 수필 쓰는 일은 삶을 통한 선택된 체험을 상상력으로 재창조하고 재구성하는 일련의 문학적 경로를 통해 예술로 승화시키는 작업이다. 그 소재가 어찌 '생활'과 '자연'뿐이겠는가. 그 표현 방식이 어찌 '고백'뿐이겠는가. 수필가들은 폭넓은 소재를 통하여 그 작품세계를 확장할 필요가 있다. 그래야만 수필이 '인생학'을 넘어 '인간학'이라는 새로운 틀에 맞추어 좀더 그 지평을 넓혀 갈 수가 있을 것이다. 수필가도 문학인이기 때문에 뚜렷한 자신의 문학관을 가져야 한다. 수필이 생활인의 애환만을 크게 받아들인다면, 작품세계를 스스로 좁히게 된다. 고수부의 문학관을 엿볼 수 있는 〈피드백〉이라는 작품이 이루는 구도의 한 축에는 예리한 작가의식이 투과된 문학정신이 자리 잡고 있어 평자를 안도하게 했다. 고수부 수필이 이처럼 수준 높은 문학적 향취를 띠는 이유는 피드백을 통해 자신의 수필관을 확실히 세워둔 데 기인한다고 하겠다. 자신의 문학적 인생을 이야기하면서 독자들과의 거리를 좁혀 접근성을 강화하고자 고수부는 독자들의 리뷰를 소중하게 여긴다.

오늘은 이번에 발간한 수필집에 대한 칭찬을 두 분한테서나 받았으니 피드백의 결과가 좋다는 생각이 들어 신나는 날이었다. 그러나 뭐니뭐니 해도 피드백에 대한 압권은 지도교수인 권대근 교수님의 서평이다. 컴퓨터를 열고 '한국문인협회 평생교육원 권대근 교수방'에 들어가 보면 '고수부론'이 나온다. 그 맨 마지막 문장에 '이 수필집은 베스트셀러는 아닐지라도 베스트 에세이집이라 할 수 있다'라고 평했으니 이보다 더 좋은 피드백이 또 어디 있겠는가. 하지만 수생반에서 공부하는 회원이기에 후한 점수를 주었을 것이다. 더욱 분발하라고 주는 칭찬이겠지만 글쓰기에 대한 의욕이 충만해지며 사기가 오르는 것은 무슨 연유일까. 피드백의 소박한 힘이 아닐까. 오늘도 나는 이런 귀한 '귀환'을 위해 내 안의 성장마인드셋 스위치를 늘 켜둔다.

- 〈피드백〉 중에서

끊임없는 구도의 길로 자아를 내모는 수필창작에의 욕구 때문에 주변의 가까운 지인들로부터 수필이 좋았다 또는 감동을 받았다 등의 평가를 들어야 했고, 그로 인해 갖게 되는 피드백의 결과를 적은 위 수필은 고수부 문학인생의 자기 고백록으로 두 가지 측면에서의 의미 있는 성찰을 제공한다. 하나는 그가 보여준 열린 자세다. 여러 사람의 논평을 하나하나 소중히 받아들이는 자세에서 초심을 잃지 않으려는 자신의 입장을 드러내고 있다는 것이다. 적어도 '더욱 분발하라고 주는 칭찬이겠지만 글쓰기에 대한 의욕이 충만해지며 사기가 오르는 것은 무슨 연유일까. 피드백의 소박한 힘이 아닐까. 오늘도 나는 이런 귀한 '귀환'을 위해 내 안의 성장마인드셋 스위치를 늘 켜둔다.'라는 것이 긍정적인 의미에서 의욕을 심화하고 있다는 점이다. 견고한 문학적 장치를 동반하면서 피드백을 '성장마인드셋 스위치'로 환원하는 그의 저력이야 말로 고수부 수필이 가지는 매력 중의 매력이라고 하겠다.

다른 하나는 그의 수필가로서의 치열성이라는 늴성적 태도가 문학적 가치에 대한 깊이 있는 통찰을 제공한다는 점이다. '우리가 시험을 보면 성적표를 받는데 이는 우리가 얼마나 공부를 잘했는지 알려주는 피드백이다. 우리말로 귀환이다. 성적표를 보고 우리는 공부 방법을 바꾸거나 더 열심히 할 수 있다. 나는 바로 이 같은 피드백은 수필집을 내고 난 후의 독자의 반응에서 찾아볼 수 있다고 생각한다.'라는 데서 본격수필의 꽃을 피우려는 결연한 자세를 볼 수 있다. 고수부 수필들은 맑고 잔잔한 샘물에 비유될 수 있을 정도다. 수필 속에는 잔잔한 감동이 있고, 포근하게 느껴지는 정감이 있다. 깊은 깨달음의 경지가 느껴질 뿐만 아니라 수수하면서도 소박하고, 은근하면서도 조용하고 은은한 향취와 삶의 진솔한 파동이 느껴진다. 그는 깊은 의식과 반성적 성찰로 자신의 문제를 파악하고, 다양한 시각과 풍부한 상상력으로 독자의 주문과 자신의 수필을 예리하게 살피고 있다. 이는 평소에 영혼과 마음을 늘상 갈고 닦은 까닭일 것이다.

    수필의 제재는 지식에서 찾아야 할까 지혜에서 찾아야 할까. 수필 한 편을 짖기 위해 글감을 찾아 헤매는 경우가 많다. 어디에서 그것을 얻어야 할까. 수필은 주제 중심의 문학이기에 훌륭한 수필은 글감이 좋아야 한다. 재료가 좋아야 맛있는 요리가 만들어지지 않겠는가. 줄리아 카메른이 쓴 '아시스트 웨이'에서 인간 내면의 깊은 곳에 창조의 샘이 있다고 말했다. 거기에는 갖가지 송어 떼들이 살고 있다. 그 샘에서 뛰놀고 있는 송어 떼들이 이미지요 아이디어요 글쓰기의 재료가 되는 원천이다.

- 〈지혜의 샘, 수필의 샘〉 중에서

    고수부는 다 태우지 못한 수필에 대한 갈망들이 들끓고 있는 작가다. 심기 속에 전류처럼 수필정신이 따뜻하게 흐르는 작가다. 그는 지식과 지혜라는 개념을 대립항으로 놓고 분석하면서 수필과 가까운 것으로 지혜를 받아들인다. 작가는 '수필의 샘'을 읊조리며, 지혜란 단어에 몰입해보는 시간을 갖는다. "수필은 주제 중심의 문학이기에 훌륭한 수필은 글감이 좋아야 한다. 재료가 좋아야 맛있는 요리가 만들어지지 않겠는가."라고 언급하면서, 줄리아 카메른이 '아시스트 웨이'에서 말한 인간 내면의 깊은 곳에 창조의 샘을 떠올린다. 거기에 살고 있는 갖가지 송어 떼들이 이미지요 아이디어요 글쓰기의 재료가 되는 원천이라고 하면서, 그는 "수필의 글감은 바로 우리 영혼의 샘에서 뛰놀고 있는 송어떼들이다. 이러한 송어떼들을 낚아내어 독자들이 먹기 좋도록 잘 요리하여 만든 작품이 수필이라고 하면 맞지 않을까."라고 수필의 글감을 영혼의 샘에서 찾는다. 일상에서 꽃피우는 재료보다는 영혼으로 버무려낸 그림이 멋진 수필이 된다는 것을 말한다고 하겠다.

  이런 현실 속에서 수필을 쓴다는 것의 의미는 무엇인가. 문학이 문학만을 위한 작업에만 충실할 수 없는 시대에 살고 있는 것만은 분명한 것이 아닐까. 자기 정서의 표출이라는 자기 구원만으로 수필가의 사명을 완수했다고 볼 수 없는 것이다. 이런 차원에서 고수부 수필가가 그려내야 할 수필적 주제는 자신의 신앙과 삶을 관통하며 흐르고 있는 지혜의 샘을 고취시키는 데 있다고 할 수 있다. 수필의 매력은 작가의 내면 풍경에서 나오는 체취를 음미하는 데 있지 않는가. 바로 인연의 소중함과 만남의 축복이다. 고수부가 지식보다 지혜에 방점을 찍고 수필의 글감을 찾는 데 있어서 영혼의 샘을 언급한 것은 대단히 중요한 의미를 갖는다. 무엇보다도 중요하다고 여기는 것은 누구보다도 부끄러운 속모습까지 가감 없이 내어 보일 수 있는, 인간의 체취가 물씬 풍기는 작가이기 때문일 것이다. 그리고 독립적 자아로 세계와 마주 서는 작가의 세계관이 작용한 때문이라고 하겠다. 이 수필은 그의 수필관을 엿볼 수 있다는 측면에서 유의미한 글이다. 이 작품은 수필가라면 가져야 할 자세가 어떤 것임을 알게 해서 인식 구조로서의 문학적 역할을 잘 수행하고 있다.

또 한 가지 방법은 이렇게 글을 쓰는 방법이 있다. 글은 내가 나에게 말하는 대화다. 물론 독자를 의식하지 않을 수 없지만, 글을 써서 발표하고 평가를 받는 것은 차후 문제다. 일단 글을 쓰는 순간에는 나와의 대화가 이루어지기 때문이다. 이렇게라도 글을 쓰고 나니 나의 우울함은 어느 정도 해소된 느낌이다. 이 글을 가지고 안국동 수생반에 들고 나가 발표하고 강평을 받는 동안 우울증은 사라지고 대신 '다음에는 무슨 글을 쓸까'에 대한 설렘이 피어오르며 삶은 활기차고 새로운 국면으로 접어들게 된다. 그래서 수필 쓰기는 치유의 효과가 있다고 하지 않는가.

– 〈찾아오는 글, 떠나지 않는 마음〉 중에서

고수부는 '이렇게라도 글을 쓰고 나니 나의 우울함은 어느 정도 해소된 느낌이다. 이 글을 가지고 안국동 수생반에 들고 나가 발표하고 강평을 받는 동안 우울증은 사라지고 대신 다음에는 무슨 글을 쓸까에 대한 설렘이 피어오르며 삶은 활기차고 새로운 국면으로 접어들게 된다.'는 진술을 통해서 수필을 통해 충만한 삶을 누리고 있다는 것을 알 수 있다. 이런 자신의 문학에 대한 열정을 '하루 치의 글쓰기를 마치고 나면 무엇인가 바꿀 수 없는 충만함으로 빛난다. 그 자체로 순간순간 나는 받을 것을 다 받았다. 돌이켜보면 내가 글을 쓴 것이 아니라 글이 내게 찾아왔을 뿐이다'라는 표현으로 나타내었다. 글쓰기는 우울증을 푸는 좋은 친구이고 마음의 상처도 치유해준다는 진술로 볼 때, 그는 수필을 통해 치유를 경험하고 있다. 비록 문학적으로 뛰어난 글은 아닐지라도 누군가에게 무언가 전하고자 하는 마음 그것 하나로도 충분하다는 그의 작가적 태도는 삶에 대한 사색이며 음미다.

그는 삶을 천천히 맛본다. 수필은 시간의 관성에 따라가지 않고 느리게 순간을 즐기며 주위를 돌아보는 진지한 성찰 작업이어야 한다. 훌륭한 수필가는 방랑가요, 게으름뱅이어야 한다고 하지 않았던가. 우리가 문학을 하는 이유는 '구원성'에 있다. 수필을 씀으로써 자신을 구원하고 작가를 구원한 작품은 작가의 품을 떠나 독자의 지친 영혼을 달래준다. 고수부는 '글은 내가 나에게 말하는 대화다.'라고 말한다. 여기서 골 깊은 고독을 해소할 수 있는 작가라는 걸 알 수 있다. 내 안에 피어나는 아집과 헛된 욕망의 실체를 자주 대면하면서 '보이지 않는다'의 눈으로 보게 되면 언젠가 작가의 마음자리는 큰 작가를 보상해 줄 것이다. 그것이 글을 풀어냄으로써 작가가 받는 보답이며 글을 읽음으로써 독자가 얻는 이득이 되는 것이 아니겠는가. 이상과 현실의 괴리를 자아의 노력으로 극복해나가는 것이 삶을 대하는 진지한 태도일 터, 그것을 작가는 '자신과의 대화'라는 간단한 방법으로 제시하였다.

3. 구원성과 영원성을 묘파한 손맛

　D.H.로렌스는 그의 에세이 곳곳에서 모든 인간은 평등해야 하며, 인간과 자연의 관계에서도 인간중심적이기보다 모든 생명체의 가치는 동등해야 한다고 역설한다. 고수부는 객체 지향 존재론으로 현실의 메마름을 극복하는 작가다. 어둠이 사라지면 빛나는 새벽이 올 것을 믿는다. '사람을 구원하는 것은 신앙밖에 없다'는 이런 깊은 신앙은 고수부 수필에 영성을 불어넣는 또 하나의 사건이다. 구원과 영원한 곳을 향한 발걸음에 흔들림이 보이지 않는다. 사람은 그 신앙이 굳으면 홀로 있어도 혼자가 아니다. 그 애타는 탈출의 귀착지는 교회다. 인간은 자기 속에 무엇인가 파괴할 수 없는 것이 있다고 지속적으로 믿지 않고서는 살 수가 없다. 이 경우 파괴할 수 없는 것도, 그 믿음도 언제까지나 남에게 알려지지 않고 만다. 이 남에게 알려지지 않은 것을 표현 가능하게 하는 것은 개인적 신에 대한 신앙의 힘이다. 복음서에 적혀있는 역사적인 보고는 역사적으로 본다면 틀린 것이라고 증명할 수 있는데 그렇다고 그의 신앙이 흔들리지 않는다. 이 말은 이상하게 들릴지 모르겠으나, 어쨌든 신앙이라는 것은 '이성에 따른 보편적인 진리'에 의거하는 것은 아니다. 오히려 역사적인 증명은 신앙하고는 전혀 관계가 없다. 한마디로 그가 지향하는 것은 절절한 믿음이다.
　대부분 고수부 수필들은 존재의 근원에 대한 인식을 바탕으로 직조되고 있다. 어떤 경우든 삶을 윤택하게 함에 있어서 익숙함에 길들여져서는 안 된다는 사실을 부정하지 않는다. 이 사실은 위기의 순간에 드러난 기도가 이를 입증한다. 〈불안의 구름 속에서〉에 보면, '사건·사고 소식이 그칠 날이 없다. 언제 어떤 일이 벌어질지 모른다는 생각에 우리의 삶은 마치 파리 목숨처럼 가볍고 위태롭게 느껴진다. 그럴 때면 문득 떠오르는 찬송가 한 구절이 있다.' 찬송가를 통해서 불안을 극복할 수 있다는 작가의 신앙심이 묻어난다. 삶이라는 긴 여정에서 만나는 신앙은 기도를 통하면 박하 향기처럼 상쾌하고 레몬 향기처럼 상큼한 손맛을 낸다는 것이 고수부 작가의 지론이다. 고수부의 수필에서 가장 빛나는 메시지는 삶의 아름다움을 찾아 나서는 사람들에게는 역동적인 에너지가 풍겨난다고 하는 것이다. '마음을 젊게 가꾸려면 어떻게 해야 할까.' 그는 단도직입적으로 문학을 하면 된다고 말한다. 문학 중에서도 수필이 제일이라 여긴다. 수필은 허구의 세계를 다루는 것이 아니라 진실의 세계를 다루기 때문이라는 것이다. 그는 느리게 인생을 사는 방법의 하나가 수필 쓰기라고 생각한다. 그는 라투르의 행위소네트워크이론에 따라, '젊게 살기'와 '수필 쓰기'가 밀접하게 관련이 있다고 말한다.

지금도 간혹 밤에 잠을 이루지 못할 때면, 그날 퀴논의 새까만 하늘 아래에서 벌어진 불꽃의 소용돌이가 떠오른다. 불길 속에 스러진 내 젊은 날의 열정과 책임감, 그리고 그것을 붙잡아준 누군가의 손길. 어쩌면 우리 인생도 예고 없는 화재처럼 언제 어느 순간 시험과 고난이 들이닥칠지 모른다. 그러나 그 속에서도 누군가는 내 손을 붙잡아주고, 또 나는 누군가의 생명을 지키기 위해 손을 내밀 수 있어야 하지 않을까. 그날 퀴논의 불길은 사그라졌지만, 나의 기억 속에서는 여전히 타오르고 있다. 그것은 단순한 화재의 기억이 아니라, 책임감과 생명, 그리고 하나님의 섭리에 관한 불멸의 불꽃이었다.

- 〈아 퀴논, 그날 밤에〉 중에서

루카치는 '문학이 현실을 올바르게 반영하기 위해서는 작가가 끊임없이 창조적인 형식 부여의 작업을 거쳐야 한다'는 점을 주지시켰다. 그에게 문학 작품의 올바른 형식은 현실을 반영하는 것을 의미한다. 그에 의해 강조되는 형식은 어떤 내용에 주어진 미적 형태, 즉 한 작품에의 시대나 작중인물과 사회상황 사이의 관계를 드러내는 기법적 특질을 의미하는 것이다. 살아가면서 고수부에게 힘이 되었던 건 베트남전에 참전했을 때 죽을 뻔한 상황에서 살아난 사건이다. 삶은 인간의 잡다한 감정들과 마주하면서 마음의 헝클어진 실타래처럼 풀기가 힘들 때도 있다. 힘들 때 말을 하지 않아도 마음을 읽고 쓰다듬어주는 '불길 속에 스러진 젊은 날의 열정과 책임감, 그리고 그것을 붙잡아준 누군가의 손길'이 있어 작가는 일상을 새털처럼 가볍게 느끼며 살 수 있는 것이다. 베트남전에서 만나는 '퀴논, 그날 밤의 사건'은 엄숙하게 자신의 운명을 받아들이는, 대견한 것들이다. 인간은 누구나 무엇에 의지해 자기를 지탱할 수밖에 없는 나약한 존재다. 삶을 원망하고 현실에 불만을 토로한다고 해서 삶의 질이 어느 한 순간에 돌변하여 달라지는 것은 아니다. 퀴논에서의 구사일생 경험담은 신앙의 문제, 삶과 죽음의 문제를 지닌 인생이라는 무거운 숙제를 푸는 시발점이 되었다.

어떻게든 군인으로서 죽음을 불사하고 책임을 다하려는 자세와 하나님의 자녀로서 떳떳함을 누리려는 작가의 노력이 비록 불발되었지만 눈물겹게 읽힌다. 순간적인 판단이 불러온 죽음의 위기에서 살아남은 자의 환희를 그는 '하나님의 섭리에 관한 불멸의 불꽃'으로 돌리고 있음을 볼 때, 그의 신앙은 단지 신의 위력에 의뢰하는 데 그치지 않고 반드시 신과 인간의 관계에 밀접성이 있다는 것을 알려준다. 인간사가 노정된 이 글은 인간적 삶의 소중한 경험이요, 수필가는 그 경험의 전파자임을 잘 보여준다. 오늘을 사는 우리에게 진정으로 필요한 것은 잔잔한 감동을 만들어낼 수 있는 이 끈끈한 공존의 힘이다. 이 수필은 이런 힘찬 가치들을 조합해서 잘 정리해 놓았다. 이 글이 주는 힘은 우리가 느끼는 인생은 두 가지 방향으로 해석이 가능하다는 것이다. 하나는 머리로 이해하는 세상살이고, 다른 하나는 가슴으로 느끼는 세상살이다. 작가가 중요시하는 건 머리와 가슴의 조화로운 공존이다. 그래서 그는 베트남 전쟁 당시 공병장교로 근무하면서 죽을 뻔한 상황에서 자신을 구해준 상사를 잊지 못한다. 살아가면서 두 번 다시는 없을 자살충동을 극복했기에, 오늘 그는 살아 있는 것이다. 이런 전쟁터에서의 깨달음이 신에 대한 개념을 다시 정립해 보게 된 것이다.

그때 핸드폰에서 메시지 알림음이 들렸다. 늘 아침마다 성경 구절을 보내주는 마봉원 집사님의 카톡이었다. 무심코 넘기려던 찰나, 유독 눈에 들어온 말씀이 있었다. 마가복음 11장 24절. "무엇이든지 기도하고 구하는 것은 받은 줄로 믿으라, 그리하면 너희에게 그대로 되리라." 그 순간 심장이 털컥 내려앉는 느낌이었다. '아, 이게 응답이구나.' 지금 당장 눈이 밝아지지 않았더라도, 이미 응답은 이루어진 것이다. 다만 우리가 '받은 줄로 믿지 못했을' 뿐이었다. 나는 곧장 아내에게 전했다. "여보, 아직 눈이 안 보이더라도 받은 줄로 믿으면 그대로 된대요. 하나님이 그렇게 말씀하셨어요."

-〈때가 이르매〉 중에서

이 수필을 읽는 묘미는 아내의 시력 회복에 대한 기도를 통해 작가가 아내를 달랠 해법을 찾아가는 곳으로 따라가는 데 있다. 교회에서 주도하는 52일간 하는 새벽기도회에 참여하기로 하고 고수부 부부도 새해 첫날부터 완주를 목표로 정했다. 다만 교회로 직접 가는 대신 집에서 영상으로 예배에 임하기로 했다. 자신에게는 아내인 사람의 약화된 시력을 기도를 통해 어떻게 해보려는 시도가 비신도들에게는 무모해 보이지만 작가에게는 진심이다. 기도에 대한 응답을 받지 못하자 실망하면서도, 한 집사가 보내준 성경 구절을 보면서, '아, 이게 응답이구나.'라고 하는 진술은 고수부 작가의 신앙심의 깊이를 보여주는 대목이기도 하다. 불과 몇 달 전까지만 해도 성경의 약속이 허무맹랑하게 들린다며 웃었던 사람이 아내였다는 것이다. 그런데 두 달 동안 매일 새벽마다 한 시간 넘게 기도한 끝에, 그는 '응답은 시력 회복이 아니라 믿음의 회복으로 나타났다. 이것이야말로 하나님의 뜻이 아닌가.'라고 말한다. 눈물보다 끈적한 부부애의 향기와 믿음의 회복을 빚는 두 분의 신앙심이 가슴을 미어지게 한다.

하느님의 권능을 주제로 하는 수필은 오랫동안 교회를 다닌 크리

스친 작가의 수필에서 자주 나타날 수밖에 없는 것이다. 기도에 대한 하나님의 응답을 확인하려는 작가의 노력은 문맥의 곳곳에 자연스럽게 묻어난다. 부부의 임무는 가족 구성원을 돌보고 그들에게 정서적 안정을 제공하는 사회적 통념을 의미한다. 작가는 아내와 함께하는 새벽기도를 통해서 아내의 시력이 회복되길 바란다. '기도 제목은 변함없다. 아내의 시력 회복. 하지만 지금은 단순한 회복을 넘어서 믿음이 깊어지기를, 하나님이 허락하신 때에 이루어지기를 바란다. 새벽마다 성경을 펴고, 손을 모으고, 다시 그 말씀을 되뇐다.'는 표현에는 고수부의 아내에 대한 진한 사랑이 녹아 있다. 아내가 시력이 안 좋아 절망했을 시간들 속에서 겪어야했던 모진 아픔의 깊이를 충분히 느낄 수 있도록, 그는 '기도 제목은 변함없다'는 말로 잘 표현하고 있다. '믿음을 따라, 때가 이르면 거두리라는 그 약속 하나 붙들고 오늘도 새벽을 연다.'라는 마지막 멘트로 자신도 아직 믿고자 한다는 말을 놓치지 않는다.

  수필은 인간을 위하여 그리고 인생을 보다 낫게 하기 위하여 존재하는 것이다. 따라서 작가가 새록새록 돋아나는 부부애를 발견하기 위해 노력하는 모습을 보이는 것은 매우 바람직한 일이다. 사랑에 대한 기억은 언제나 가슴 뭉클하게 하는 힘이 있다. 수필은 힘의 문학이다. 그 힘은 작가의식으로부터 나오시민 인간애의 고양으로부터도 나온다. 이 글도 이러한 힘을 느끼게 한다. 아내에게 있어 남편은 단순히 사랑하는 사람 이상이다. 한 가정의 경제를 책임지는 소중한 사람이다. 누구보다도 작가는 이런 점을 잘 알기에 아내가 건강해야 한다는 점을 '새벽기도'에 담고, 그래야 소원을 이룰 수 있다는 메시지를 '성경 구절'에 담아 문학적으로 잘 형상화시켰다. 주제를 제재에 담아 문학적으로 조리해내는 일은 누구나 쉽게 할 수 있는 일이 아니기에 고수부의 역량이 빛나는 것이다. 이 작품은 문제를 찾아서 지난 세월의 추억을 되돌아보는 마음의 여유가 존재와 삶에 대한 자각과 잘 어우러져 잔잔한 감동을 준다. 소재의 측면에서 평범성의 한계를 보이지만, 나름대로 문학성을 부여하려는 노력이 묻어나서 그 한계를 잘 극복하고 있다. 무엇보다도 제재를 통해 주제를 우려내는 솜씨의 탁월성이 수필가 고수부의 가장 큰 강점이라고 하겠다.

나는 그처럼 확고한 믿음이 부럽다. 죽음 앞에서도 흔들리지 않는 신념, 감옥에서도 찬송을 멈추지 않는 용기, 순교를 앞두고도 주저하지 않는 믿음. 그런 믿음을 나도 갖고 싶다. 주여, 적의 포화 속에서도 두려워하지 않는 바울 같은 믿음을 내게도 허락하소서. 순간의 공포에 휘둘리지 않고, 흔들리지 않는 신앙의 뿌리를 내리게 하소서. 삶의 끝자락에서도 당신의 평안과 확신으로 내 영혼을 붙들어 주소서.

- 〈포화 속의 기도〉 중에서

위 인용 글은 〈포화 속의 기도〉 결말부 내용이다. 고수부는 이 수필을 통해 자신의 흔들리는 믿음을 피력하고 있다. '기독교인이라고 해서 모두 내세에 대한 확신을 갖고 사는 것은 아니다. 오히려 삶의 고비마다 의심이 올라오곤 한다. 믿음이라는 것도 유동적이다. 한순간은 믿음으로 가득하다가도, 또 다른 순간엔 의심이 고개를 든다.

애정도, 우정도, 신앙도 때로는 변한다. 상황이 유리하면 하나님을 찾고, 불리하면 외면하는 것이 인간의 나약한 본성이다.'라는 진술이다. 결정적인 흔들림은 월남전에서 베트콩이 던진 수류탄에 부하의 목이 날라간 것을 본 순간, 매복 작전에 나서기 전까지만 해도 죽어도 천국에 갈 수 있으니 걱정 없다고 스스로를 다독였지만, 죽음이 실제로 닥치자 그 믿음은 온데간데없어졌다. '믿음보다 더 앞선 건 생존 본능이었다.'고 고백하는 그에게서 우리는 인간 그 자체의 존재를 확인할 수밖에 없다. 이 수필이 주는 감동은 솔직함으로 흔들리는 믿음을 잘 표현, 수필의 맛을 잘 끌어올리고 있다는 데서 나온다. '나는 그처럼 확고한 믿음이 부럽다.'는 표현 속에 약간의 흔들림이 포착된다. 그러나 결말부에 가서는 한 단락 전부를 기도로 채울 정도로 그는 흔들림 속에서도 믿음을 가지고 신앙생활을 잘하고 있다는 것을 보여준다.

교회에서는 주일 예배 절차에 참회의 기도 순서가 있다. 지난 일주일 동안 하나님의 뜻대로 살고자 했으나 자신의 이익과 이생의 안목에 사로잡혀 살았던 잘못과 은밀하게 지은 죄를 침묵으로 고백하는 시간이다. 양심의 거울에 비추어 남몰래 저질렀던 검은 마음을 확인하고 회개하는 순시이다. 그 시간에 나도 회개하는 순간을 갖는다. 포켓용 손거울이 아니라 마음속에 있는 양심의 손거울을 꺼내시 비춰보면 여기저기에 시커먼 먼지들이 쌓여 있다. 화를 내지 말았어야 할 순간에 참지 못하고 분노를 터뜨렸던 검은 점들이 보인다. 겉으로는 얌전하고 정직한 척했지만 속은 그렇지도 않은 위선적인 검은 점들을 확인하는 시간이다. 그 외에도 여러 가지 밝히지 못할 죄를 침묵으로 회개하는 그 시간은 엄숙하다.

- 〈거울 하나 거울 둘〉 중에서

인간에게 소중한 것은 자신의 삶이 갖는 의미에서 스스로 반성하는 것이다. 그 반성의 기회 없이 삶은 무의미한 것에 지나지 않는다. 단지 살아있는 것만으로 기뻐할 수 있는 것은 엄숙하게 잘못된 것에 대해 그것을 인정하고 다시는 그러하지 않으리라는 마음씀에 기인하는 것이다. 인간은 완벽하지 못해 순간적으로 잘못 판단할 수가 있는 나약한 존재다. 참회의 기도시간이 되면, 그는 '양심의 거울에 비추어 남몰래 저질렀던 검은 마음을 확인하고 회개'한다. 이 대목은 그를 보통 작가 이상으로 부각시킨다. 삶을 원망하고 현실에 불만을 토로한다고 해서 삶의 질이 어느 한 순간에 돌변하여 달라지는 것은 아니다. 이 수필은 참회를 통해 우리 시대 인간상을 다시 반추하게 한다. 포켓용 손거울은 외모의 흠을 확인하지만 양심의 손거울은 인간의 내면에 쌓인 검은 점을 찾아낸다. 그래서 고수부는 또 하나의 손거울을 추가하여 가지고 다닌다. 하나는 외모를 단정하기 위한 포켓용 손거울이며 또 하나는 핸드폰에 내장된 양심의 손거울이다. 이중구조로 직조한 문학적 성취가 돋보인다.

이런 문학성이 있는 글은 더욱 가슴에 와닿는다. 일상사의 사소함에서 돌출되는 검은 점을 찾아내기 위해 두 개의 거울을 가지고 다니면서 외모를 단정히 하고, 내면의 양심도 살펴보겠다는 그는 우리의 지친 영혼이 안주할 수 있는 터전을 가진 작가다. 오늘을 사는 우리에게 진정으로 필요한 것은 참회라는 것을 이 수필은 말해준다. 원래 수필은 반성적 성찰의 글이다. 고수부의 수필은 한마디로 구원이 있는 성찰의 공간에서 출발한다. 어딘가에 부드러운 곡선의 안식처가 있을 것 같은 작가다. 그래서 작가의 시선은 언제나 자신의 내면에 머문다. 참회하는 수필들은 주로 자신의 심중에서 여울치는 시커먼 먼지를 닦아낸다. 포켓용 손거울이 아니라 마음속에 있는 양심의 손거울을 꺼내서 비춰보면 여기저기에 시커먼 먼지들이 쌓여 있다. 화를 내지 말았어야 할 순간에 참지 못하고 분노를 터뜨렸던 검은 점들이 보인다. 겉으로는 얌전하고 정직한 척했지만 속은 그렇지도 않은 위선적인 검은 점들을 확인하는 시간이다. 이 수필은 일반적 인식이나 인식의 한계를 넘어서는 이런 그만의 예리한 참회는 경험자의 진술이라는 지점에서 보편성을 띠며 공감을 줄 뿐만 아니라 신앙인의 진정한 자세라는 측면에서 더욱 빛을 발한다고 하겠다.

아리스토텔레스는 '인간 행위의 궁극적 목적은 행복'이라고 말했다. 인간으로 태어나서 인간의 이상이자 누구나 찾는 행복을 얻지 못한다면 인생은 후회로 가득 차게 될 것이다. 그래서 사람들은 살고 있는 현재를 중요하게 생각한다. 현실에 살고 있는 사람들은 삶의 체계 속에서 본말, 대소, 경중을 항상 마음속으로 고려하여 지금의 온갖 지식을 만들어 참으로 마음 밑바닥에서 우러나는 양심에 따라 스스로 정진 노력하는 데 모자람이 없어야 하고 자기 반성을 하면서 자신이 좋아하는 향기를 따라 힘껏 살아갈 필요가 있을 것이다. 고수부는 확실히 향기를 지닌 사람이다. 수필이 수필다운 향기를 지니려면 우선 수필가 자신부터 자기의 분명한 향기를 지녀야 한다. '자기 향기'란 작가의 숨결이요, 체취다. 이런 체취는 문체로 잘 드러나며, 독자는 작가의 체취를 음미하기 위해 시나 소설보다 수필을 즐겨 찾는다. 자기 향기가 없으면 자기 영혼이 없다는 것이며, 영혼이 없는 사람은 사람의 형상을 하고 있어도 이미 사람이 아닌 바와 마찬가지로 수필 작품에도 언제나 작가의 영혼이 살아 있어야 한다. 따라서 작가에게 가장 중요한 일은 자신만의 향기를 갖추는 일이다. 한 편의 글을 쓰면서도 쉽게 쓰지 않는 성실성을 보여준 점도 감동을 주지만, 이 글에 담긴 메시지가 큰 공명을 울려주기에 고수부의 글에 독자들이 매료되는 된다고 하겠다.

Ⅲ.

고수부의 수필을 읽으면, 그의 글은 하나같이 삶의 원형, 삶의 진리를 파헤친 지혜서란 생각이 든다. 그는 형이하학적 제재의 속성을 잘 파악하여 형이상학적인 인간의 본질로 나아가는 데 참으로 익숙하다. 세상에 우연은 없다는 것은 논리학을 배운 사람이라면 다 안다. 인과율에 의해 삶은 계속되어지는 것이다. 그는 이런 삶의 변증적 법칙을 '인생은 뱃길이다'라는 말로 의미화하였다. '사랑'은 그 어떤 작품보다도 아름다운 것이라 하였으니, 그가 중요시하는 게 무엇인지, 삶에서 가장 중요한 것이 무엇인지 짐작이 가고도 남는다. 어쩔 수 없어 사는 것이 아니라 그것을 필연으로 여기며 사는 길은 주체적 행보라 할 수 있다. '외모를 젊게 하려고 흰머리를 염색하듯 마음을 젊게 하기 위해서는 문학이라고 하는 염색약으로 퇴색한 마음을 푸르게 염색해야 한다'는 그의 지론은 우리 사회의 튼튼한 도덕적 모럴을 구축하게 할 것 같다. 삶 속에서 살아가는 사람은 삶의 법칙에 따르지 않으면 살아갈 수도 진화 발전할 수도 없다. 삶의 법칙에는 몇 가지가 있으나 그 가운데서도 피할 수 없는 것이 운명이다. 그의 운명은 신앙생활에 달려 있다. 이 지구상에 생명이 탄생하고 난 이래 이것을 위반하지 않고 현재까지 왔기 때문에 그는 지금도 믿음을 소중히 여기며 살고 있고, 구도자로 존재하고 있는 것이다. 이런 원리를 작가는 '문학이라는 염색약'으로 잘 풀어내고 있다.

 헤겔의 어법에 따르면, 작가는 디지털문명이 드리워진 현실 속에서 인간과 세상의 희망을 보여주어야 하는 현세적 책임을 짊어진 예언자들인지도 모른다. 그래서 수필은 정말 사람답게 살아가려는 사람들이 생각해야 할 문제, 가슴 깊이 담아두어야 할 가치 있는 문제를 다루어야 하는 것이다. 수필이 궁극적으로 표현하는 대상은 자신이 아니라, 그가 속한 환경과 이에 대처하는 인간의 보편적 성향이다. 수필은 총체적이고 추상적인 현실을 보다 심미적 가치를 지닌 삶을 실상으로 구현하는 작업이다. 가슴이 서늘하거나 후끈한 인간미가 배어 나오지 않는 글은 작품이라고 할 수 없다. 비록 개인사적인 문제를 가지고 글이 출발되더라노, 그깃을 통해 인간의 보편성을 발견하고 새로운 가치 발견의 문을 열어야 할 것이다. 고수부의 수필에서 우선적으로 느껴지는 것은 참신한 인식의 힘이다. 수필 한 편 한 편이 진실하고 성실한 자신의 경험을 재해석한 아리스토텔레스의 '미메시즈'에서 나온다. 수필은 제재에 대한 철학적 통찰을 통해 문학적

방식으로 쓰여졌다. 그는 선인들처럼 자기 성찰적인 글쓰기를 중시하였으며, 수필적인 방식을 통해 선비정신을 길렀다. 고수부의 수필은 일상의 생활 속에서 얻은 감동과 반성을 구체적 형상으로 제시했기 때문에 미적 감동을 준다. 유경환은 수필을 쓰는 사람의 삶은 철학적이어야 한다고 했다. 오랜 수필 수련이 아니고서야 어찌 이런 고도의 세련된 지적 통찰의 수필이 나왔겠는가. 인식과 형상이 조화된 본격 수필을 다시 만나게 되어 글을 읽는 한동안, 나는 행복했음을 밝힌다.

고수부 수필집

어둠을 건너는 빛처럼

초판 인쇄 2025년 8월 11일
초판 발행 2025년 8월 29일

지은이 : 고수부
펴낸이 : 정숙이
펴낸곳 : 도서출판 에세이문예

주소 : 부산광역시 연제구 온천천공원길 4,
　　　　101동 1802호(거제1동, 벽산e메타폴리스)
전화 051)557-5085
이메일 essaylit@daum.net
출판등록 제332-2019-000008호

값 15,000원

ISBN 979-11-989022-4-5

※ 저자와의 협의에 의하여 인지를 생략합니다.
　　잘못 만들어진 책은 바꾸어 드립니다.